아픈 리더, 병든 조직을 살리는
어시스트 리더십

4차 산업시대, MZ를 이끌 새로운 리더십 패러다임

작가의 고유의 글맛을 살리기 위해

한글 맞춤법에 맞지 않는

일부 표현을 수정하지 않았습니다

아픈 리더, 병든 조직을 살리는
어시스트 리더십

주경진 지음

마음세상

프롤로그 (Prologue)
리더가 살아야 조직이 산다

"저, 퇴사하고 싶어요."

평소에 아끼던 후배가 어렵게 말을 꺼냈다. 조직에서 20년 이상 인사업무를 하면서 가장 마음이 아픈 순간이다. 회사 밖은 어떠한가? 취업난이 심각하다. 구직을 하지 못해 어려움을 겪는 청년들이 한둘이 아니다. 겨우 취업을 했다 하더라도 1년을 견디지 못하는 경우가 허다하다. 높은 경쟁률을 뚫고 어렵게 입사한 직원들이다. '회사 보고 취업했는데 상사 보고 퇴사한다'는 말이 넘쳐난다.

조직에서 일하는 모든 구성원은 건강하게 일하고 싶어 한다. 여기서 '건강'은 '육체'만 아니라 '정신'과 '영혼'도 포함된다. 조직 구성원은 육체와 정신 모두 건강해야 성과도 내고 성장할 수도 있다. 이들 구성원에게 절대적인 영향을 미치는 존재가 바로 매일 마주하는 '상사(리더)'다. 리더가 탈선하면 나쁜 리더십을 발휘하게 되고, 구성원은 깊은 병이 든다. 병든 조직은 구성원이 이탈하고 조직 자체가 와해되기까지 한다. 이처럼 조직에서 리더십은 구성원의 운명뿐 아니라 일의 성패를 결정짓는 핵심요소다.

이 책은 왜 리더십이 탈선하는지, 리더십이 탈선하면 구성원에게 어떤 영향을 미치는지 보여준다. 뿐만 아니라 리더십 탈선을 치료할 수 있는 7가지 처방전을 검증된 리더십 이론을 중심으로 제시해 줄 것이다. 이 이론들은 '성공하는 리더의 7가지 핵심가치'를 내포하고 있다.

성공하는 리더의 7가지 핵심가치

① 진정성을 가져라 (Authentic leadership : 진성 리더십)

② 의미와 목적으로 무장하라 (Spiritual leadership : 영성 리더십)

③ 동료의식을 가져라 (Shared leadership : 공유 리더십)

④ 권한을 위임하라 (Empowering leadership : 임파워링 리더십)

⑤ 올바름을 추구하라 (Ethical leadership : 윤리적 리더십)

⑥ 리더를 육성하라 (Super leadership : 슈퍼 리더십)

⑦ 변화를 추구하라 (Transformational & Issue leadership : 변혁적&이슈 리더십)

위에 제시한 7가지 리더십 처방전의 이니셜을 한 단어로 연결하면, 놀랍게도 'ASSEEST' 즉, '어시스트 리더십'이 된다. 7가지 리더십 핵심가치를 내재화한 '어시스트 리더'는 조직과 구성원에게 다음과 같은 5가지 선한 영향력을 발휘하게 될 것이다.

어시스트 리더

① 선한 목적을 추구한다(**G**ood purpose-oriented).

② 구성원을 주인으로 만든다(**O**wnership).

③ 스스로 주도적으로 일하도록 돕는다(**A**utonomy).

④ 구성원과 조직의 장기적인 성장을 지원한다
   (**L**ong term-growth).

⑤ 구성원이 영혼 있게 일하게 한다(**S**oulful partner).

'어시스트 리더십'을 통해 구성원들은 결국 'GOALS'(=지속가능한 성과들)을 달성하게 된다. '어시스트 리더'는 구성원들이 일의 의미와 가치, 목적을 발견도록 돕는다. 또한 스스로 주도적으로 주인처럼 일하게 한다. 결국 구성원은 장기적으로 성장하게 되고, 독립적인 주체로서 영혼 있게 일하게 될 것이다.

진정한 리더는 골을 넣는 주인공이 아니라 구성원과 조직이 성과를 만들고 지속적인 성장을 할 수 있도록 도와주는 '어시스터

(assistor)'인 것이다.

이 책은 '어시스트 리더십'을 통해 아픈 리더와 병든 조직을 세워 일으켜 줄 것이다. 건강해진 리더는 조직에 신바람을 불러일으켜 새로운 조직문화와 성과를 만들어 주기 때문이다.

오늘날의 리더는 MZ세대와 함께 4차 산업시대를 맞이하고 있다. 새로운 리더십 패러다임이 필요한 시기다. 이 시기에 '어시스트 리더십'은 리더에게 의미 있는 통찰력과 혜안을 제시해줄 것이다. 부디 이 책을 통해 멋지게 성장하는 '어시스트 리더'가 되기를 소망한다.

어시스트하라!

골(goals)은 구성원이 넣는다.

프롤로그 (Prologue)

리더가 살아야 조직이 산다 · 6

Chapter 1
왜 어시스트 리더십 처방인가?

조직에서 리더십이 사라졌다? · 16

회사보고 들어와서 리더 보고 나간다? · 25

리더는 스스로 볼 수 있는 거울이 없다 · 33

리더는 올라갈수록 피드백이 없다 · 39

리더는 건강하다고 착각하기 쉽다 · 48

리더가 병들면 조직도 아프다 · 58

리더는 리더십 처방이 필요하다 · 63

Chapter 2

리더가 병드는 7가지 전조증상

역할을 모르면 병이 든다   •   69

관계를 무시하면 병이 든다   •   78

혼자서 일하면 병이 든다   •   86

빠르게 성공하면 병이 든다   •   93

단기성과에 집착하면 병이 든다   •   98

아는 사람만 쓰면 병이 든다   •   104

변화를 두려워하면 병이 든다   •   111

Chapter 3
병든 리더의 7가지 탈선

병든 리더는 자신만 잘난 줄 안다(Narcissism) • 119

병든 리더는 자신의 성공만 바라본다(Overly-ambitious) • 127

병든 리더는 타인을 공격한다(Intimidating) • 133

병든 리더는 작은 것에 집착한다(Micro-managing) • 141

병든 리더는 타인에 냉소적이다(Aloofness) • 148

병든 리더는 시야가 좁고 변화를 두려워한다
(Narrow range of viewpoint) • 154

병든 리더는 비윤리적이다(Immorality) • 159

Chapter 4

병든 리더를 위한 7가지 처방전 (ASSEEST)

리더여, 진정성을 가져라 (Authentic leadership) • 167

리더여, 의미와 목적으로 무장하라 (Spiritual leadership) • 176

리더여, 동료의식을 가져라 (Shared leadership) • 185

리더여, 권한을 위임하라 (Empowering leadership) • 193

리더여, 올바름을 추구하라 (Ethical leadership) • 201

리더여, 리더를 육성하라 (Super leadership) • 211

리더여, 변화를 추구하라(Transformational & Issue leadership) • 218

Chapter 5
어시스트 리더십, 구성원이 성과(GOALS)를 만든다

어시스트 리더십(Assist Leadership)이란?　•　228

어시스트 리더십은 선한 목적을 추구한다(Good purpose-oriented)　•　233

어시스트 리더십은 주인의식을 낳는다 (Ownership)　•　239

어시스트 리더십은 스스로 움직이게 한다 (Autonomy)　•　245

어시스트 리더십은 장기적으로 성장시킨다 (Long-term growth)　•　253

어시스트 리더십은 영혼 있게 일하게 한다 (Soulful partner)　•　261

에필로그(Epilogue)　•　269

Chapter ——————————————— 1

왜 어시스트 리더십 처방인가?

조직에서 리더십이 사라졌다?

직장인에 대한 슬픈 사실.

'최선을 다해 임무를 수행하는 직원은 전체의 30%에 불과'

회사에 출근하는 직장인들이 모두 자신의 업무에 집중하는 것은 아니다. 최선을 다해 일하는 구성원은 30% 정도 수준에 그친다고 한다. 직원의 절반 정도는 생산성 없이 그저 직장을 오가며 시간을 때운다. 나머지 20%는 오히려 직장에 대한 불만을 표출하고 부정적인 영향을 미치기도 한다. 직원들의 상당수가 업무에서 마음이 떠나 있거나 부정적인 방향으로 흘러가는 이유는 무엇일까? 전문가들은 '리더십의 부재'를 주요 요인으로 꼽는다.

'업무 몰입' 또한 매우 중요하다. '업무 몰입(work engagement)'은 직원이 자신의 일을 얼마나 주체적으로 즐기면서 하는지를 확인하는 중요한 개념이다. 업무 몰입도가 높은 직원은 회사나 자신이 맡은 일에 대한 애정이 강하며, 책임감을 갖고 일한다. 업무 몰입이 중요한 이유는 직원들의 업무 몰입 수준이 높아질수록 회사에서의 성과가 정비례해 올라가기 때문이다.

'업무 몰입'이 조직의 생산성과 상관관계가 높음에도 불구하고 직장인의 업무 몰입도 수준도 30% 정도에 머무르고 있다. 직원들이 이렇게 자신의 일에 애착을 갖지 못하는 이유는 무엇일까? 앞에서 언급한대로 구성원들을 이끄는 '리더십의 부재'다. 직원들은 자신의 상사로부터 가장 많은 영향을 받기 때문이다. 물론 고의로 형편없는 리더가 되려는 상사는 없을 것이다. 그렇다면 직원들은 어떤 상황에서 리더십의 부재를 느끼게 되는 것일까?

직원들이 리더십의 부재를 느끼는 이유

첫째, 비전과 목표가 부재한 경우다. 직원들이 조직의 비전과 목표에 대해 명확히 이해하지 못하거나 공감하지 못할 경우 리더십의 부재를 느낀다. 명확한 비전과 목표가 없으면 직원들은 방향성을 잃고 동기부여를 받기 어렵기 때문이다.

둘째, 부적절한 리더십 스타일이다. 리더십 스타일이 직원들과의 일치하지 않을 경우, 직원들이 최선을 다하지 않을 수 있다. 예를 들어, 독재적인 리더십 스타일은 직원들의 창의성과 참여를 억제할 수 있다. 이러한 리더에게 직원들은 마음의 문을 닫기 시작한다. 상사와 같이 근무하고 있지만 그들은 더 이상 상사에게 질문하지 않는다. 부정적인 피드백을 받을 확률이 높다는 것을 직감하기 때문이다. 조직에 '상사'는 있으나 '믿고 따르고 싶은 리더'는 없다고 느끼는 것이다.

셋째, 부적절한 보상 체계이다. 보상 체계가 공정하지 않거나 부적설하게 설계되어 있을 경우, 직원들은 평가자인 리더를 신뢰하지 않게 된다. 직원들은 노력과 성과에 대한 인정과 보상을 제대로 받지 못하면 동기부여가 떨어질 수밖에 없다. 평가와 보상이 제대로 이루어지고 있는지 챙기는 것도 리더의 중요한 역할이다. 밤낮없이 열심히 일했다고 생각했는데, (상사와 친하다는 이유로) 자신보다 성과가 낮은 직원이 더 좋은 평가결과를 받게 된다면 허탈해질 수밖에 없다. 겉으로는 상사의 말을 듣지만 삐뚤어진 직원의 마음은 돌이키기 어렵다.

넷째, 업무 환경과 문화도 중요하다. 업무 환경과 문화가 직원들의 동기부여와 참여에 영향을 준다. 예를 들어, 과도한 업무 부담, 부적절한 동료 관계, 부정적인 조직 문화 등은 직원들을 병들게 한다. 병든 직원은 일 뿐만 아니라 리더와 조직을 떠날 준비를 한다.

이 모든 상황은 리더의 역할과 책임에 관련된다. 어느 나라든지 조직을 이끄는 리더에게는 고민이 있다. 바로 '직원의 잠재 역량과 실제 성과 간의 격차를 줄이는 것'이다. 그리고 대부분의 직원들은 지위의 높고 낮음을 떠나 임무를 훌륭하게 수행하고 싶어 한다. 성패는 상사나 리더가 '구성원들이 마음껏 일을 할 수 있는 환경을 만들어 줄 수 있느냐'에 달려있다. 효과적인 리더십으로 구성원들에게 동기를 부여하고 변화시킬 수 있다면 유능한 인재를 얼마든지 길러낼 수 있다. 즉, 리더십이 제대로 '살아있다면' 유능한 인재를 통해 성과를 얼마든지 만들 수 있다는 이야기다. 리더에게는 살아있는 '존재감'이 있어야 한다.

보이지 않는 힘, 리더십

눈에 보이지 않는다고 해서 존재하지 않는 것은 아니다. '부존재(不存在, nothing)'와 '보이지 않음(invisible)'은 다른 이야기다. 바람은 눈에 보이지 않지만 때로는 강력한 힘을 발휘한다. 전기도 눈에 보이지 않지만 불을 밝히고, 기계를 가동하며, 고속열차를 움직이기도 한다. 눈에 보이지 않지만 강력한 '힘'이 '존재'하기 때문이다.

리더십도 마찬가지다. 눈에 보이지는 않으나 리더십이 살아 있다면 마치 바람과 전기처럼 구성원들의 마음을 강력하게 움직인다. 리더십을 느끼는 직원들이 조직에 헌신하고 자신의 일에 스스로 몰입하는 이유다.

반대의 경우도 있다. 눈에 보이는 '상사'는 있으나 리더십이 '부존재' 하는 경우다. 당연히 구성원들은 리더십을 느끼지 못한다. 이런 상사와 함께 일하는 구성원들은 최선을 다해 일하지 않고, 직무에 몰입하지도 않는다. 구성원들을 움직일 '실체적인 힘'이 없기 때문이다.

심리적 구심력, 리더십

구심력은 회전 운동에서 물체가 회전 중심을 향해 작동하는 힘이다. 즉, 물체가 원심력에 의해 외부로 튀어 나가는 것을 막아주는 힘이다. 구심력이 존재하지 않으면 물체는 회전운동을 할 수 없다.

구심력을 리더십 관점에서 해석해보면 어떨까? 모든 조직에는 원심력이 존재할 수 있다. 구성원들은 각자의 방향으로 움직이려고 하기 때문이다. 조직이 목표를 향해 움직이기 위해서는 반드시 리더의 '심리적 구심력'이 필요하다. '심리적 구심력'은 구성원들을 하나의 목표로 향하도록 하는 힘이다. 이를 통해 구성원들은 공통의 목표와 비전을 공유하고 협력하여 성과를 창출하게 된다. 리더의 '구심력' 또한 눈에 보이지는 않지만 구성원들의 마음을 하나로 모이게 하고, 각자의 일에 몰입하게 만드는 '실재하는 힘'이다.

구성원 속에 살아있는 존재감

나라를 위해 희생하고 목숨을 바친 순국선열을 기리는 날, 현충일. 미국은 매년 5월 마지막 주 월요일을 '메모리얼 데이(Memorial day)'로 지정하여 우리와 같이 나라의 순국선열을 추모한다. 미국은 세계 최강의 군대를 보유한 나라다. 미국이 이러한 군사력을 유지할 수 있는 비결은 단순히 군대 규모나 무기에 있지 않다. 중요한 부분은 군인들에 대한 처우와 국민들의 군에 대한 인식이다. 특히 군인에 대한 예우는 죽어서도 끝이 나지 않는다. 전사자의 유해는 어떤 일이 있더라도 끝까지 본국으로 송환하여 예우와 책임을 다한다.

미국에는 세계적으로 유일한 유해감식 전문기관인 '실하이

(CILHI)', 즉 '미육군 중앙신원확인소(U.S Army Central Identification Laboratory in Hawaii)'가 있다. '실하이'는 전사하거나 실종된 미군의 유해를 발굴, 감식 그리고 송환을 주목적으로 한다. 미군은 설사 임무 수행 중에 죽더라도 이들이 자신의 유해를 반드시 찾아서 고향으로 보내줄 것이라는 강한 믿음을 가지고 있다. '실하이'의 정문에는 '결코 그대를 잊지 않으리(You are not forgotten)'라는 구호가 적혀있고, 이 기관의 모토는 '그들이 집에 올 때까지(Until they are home)'이다. 미군들이 세계 곳곳에서 목숨을 걸고 작전에 임하는 데에는 '죽어서도' 자신들을 고국으로 보내줄 것이라는 '국가에 대한 믿음'이 가슴속에 살아 있기 때문일 것이다. 이 '믿음'이 바로 '국가(조직)의 존재감'이다.

군대 지휘관의 '존재감'은 무엇인가? 실제 전투가 벌어지면 병사들의 시야에는 지휘관이 보이지 않는 경우가 많다. 총알이 날아오고 포탄이 떨어지는 상황에서 작전을 펼쳐야하기 때문이다. 하지만 이런 상황 속에서도 지휘관이 늘 병사들의 마음속에 중심을 잡고 있는 경우가 많다. 평소 병사들을 아끼고 한 형제처럼 챙기는 지휘관. 자신이 맨 먼저 적진을 밟을 것이며 가장 나중에 전장에서 발을 떼겠다고 약속하는 지휘관. 어떤 경우에도 자신의 뒤에 전우를 남겨 놓지 않겠다고, 살아서든 죽어서든 함께 고향으로 가자고 맹세하는 지휘관. 이런 지휘관은 보이지 않는 전투

현장 속에서도 병사들의 가슴에 살아 움직인다. 이것이 '리더의 존재감'이다.

이런 마음을 가진 장수도 있다. 바로 연저지인. '장수가 병사의 종기를 직접 빨아 낫게 하는 어진 마음'이라는 뜻이다. 《사기(史記)》 손자오기열전(孫子吳起列傳)에 나오는 이야기다. 오기(吳起)는 중국 춘추전국시대를 대표하는 장군이자 병법가다. 오기는 병사들과 함께 먹고 자면서 노고를 나눠 병사들의 신망이 두터웠다.

어느 날, 심한 종기로 괴로워하는 병사의 고름을 오기가 직접 빨아줬다. 그 소식을 전해들은 병사의 어머니가 통곡했다. 사람들이 연유를 물었다. "일개 병졸인 아드님의 종기 고름을 장군이 직접 빨아주었는데 어찌 그리 슬피 우는 거요?" 어머니가 슬픔을 억누르며 답했다. "내 말 좀 들어보시오. 작년에 그 애 아버지가 전쟁터에 나가 오기 장군 밑에서 싸웠다오. 그때 남편의 종기 고름을 장군이 직접 빨아 주었소. 전투가 시작되자 그이는 장군의 은혜를 갚기 위해 앞장서 싸우다가 결국 죽고 말았다오. 이제 우리 아이의 고름을 장군이 빨아 주었으니 그 애 운명 또한 뻔하지 않겠소." 전쟁에서 군사들이 두려움 없이 목숨 걸고 전투에 임하는 마음속에는 리더가 살아있는 경우가 대부분이다. 이런 '믿음'과 '신뢰'가 리더의 '존재감'이다.

조직이 방향성을 잃고 헤매고 있다면, 구성원이 업무에 몰입하지 못하고 있다면 조직의 리더십이 집을 나가지 않았는지 점검해 보기 바란다. 조직의 문제는 대부분 '리더십 부재'에 있고, 살아있는 조직에는 반드시 리더의 '존재감'이 있다. 집 나간 리더십은 반드시 돌아와야 한다.

회사 보고 들어와서 리더 보고 나간다

실업보다 무서운 '쉬었음' 청년 66만 명

2030 청년의 실업률은 사회적 문제로 인식된다. 더 심각하게 생각할 부분은 실업률에 나타나지 않는 '쉬었음' 청년 숫자다. '쉬었음'은 일을 하지 않지만 구직활동도 하지 않는 계층이다. 일할 능력이 있음에도 다른 구체적 사유 없이 일하지 않는 상태를 의미한다. 통계청 자료에 의하면 2023년 기준 '쉬었음' 청년은 66만 명을 초과했다. 수많은 청년들이 꽃다운 젊음을 '일시 멈춤' 상태로 전환해 버린 것이다. 어떤 청년들이 '쉬었음' 상태로 접어들게

되었을까?

정부가 발표한 '쉬었음' 청년에 대한 실태조사 결과에 따르면 '쉬었음' 청년의 78%는 직장 경험이 있는 청년들이었다. 즉, 직장에 들어갔다가 나오고 나서 '쉬었음' 상태에 들어간 경우가 그렇지 않은 청년에 비해 3배 이상 많았다. 그렇다면 청년들은 왜 어렵게 들어간 직장을 그만두는 걸까? 기성세대의 지적대로 요즘 청년들은 '돈'과 '워라밸'(일과 삶의 균형)만 좇는 결과일까?

감추어진 진짜 퇴사 이유는 무엇일까?

최근 2030 직장인들의 퇴직률이 30%에 이르고 있다. 2030 청년들이 고생 끝에 들어간 회사를 퇴사하는 이유가 무엇일까? 그들이 꼽는 표면적인 퇴사 이유에는 연봉, 근무환경, 업무 적성, 회사 비전 등이 있다. 하지만 이들에게 감추어진 속마음이 있다. '평균 이상의 월급'과 '맘 편한 칼퇴근'이 중요한 요소이나 결정적인 요소는 아니라는 점에서 놀랍다.

직장인 중 대다수가 퇴사 시점에서는 퇴사 이유를 숨긴다. 회사에 공식적으로 말하는 퇴사 사유와 진짜 퇴사 원인에는 차이가 있다는 뜻이다. 보통 사직서에는 '일신상의 사유'라고 쓴다. 퇴사를 승인(?)받아야 할 상사에게조차 속마음을 이야기할 수 없다. 불행하게도 상사가 '말 못할' 원인자일 가능성이 크기 때문이다. 상사에게는 그럴듯한 다양한 사유를 든다. '몸이 아파서', '적성 불일치', '공부'(해외 MBA진학으로 포장), '가정 사정'(가족 병환), '출퇴근 거리' 등이다.

이들에게 감추어진 속마음은 무엇일까? 2030 직장인들의 진짜 퇴사 사유에 관해서 주목할 필요가 있다. 감추어진 퇴사 원인은 크게 두 가지로 요약된다.

첫째, 일의 의미와 성장 욕구가 충족되지 않는 경우다. 2030 직장인들이 '입문 교육을 받을 때만 해도 회사가 좋아 보였는데 현업 부서 배치를 받자마자 바로 지옥으로 바뀌었다'는 고백을 많이 듣게 된다. 실제 근무지에서는 일도 제대로 가르쳐주지 않고 의미 없는 일을 반복해서 시킨다. 일을 통해 의미와 가치를 부여하고 '작은 성공'을 맛보게 함으로써 '성장'의 기쁨을 누리게 하는 상사를 만나지 못한 사회 초년생의 경우다. 매일 매일 출근은 하지만 영혼 없이 주어진 일만 하다 길을 잃게 된다.

둘째, 직장 내 갑질과 경직된 조직문화다. 많은 직장 초년생이 조금이라도 실수하면 냉소적 비난과 무시를 경험한다. 자신이 존중받지 못한다는 것을 직감한다. '내가 이러려고 그 많은 노력을 했나?' 자존감이 무너지고 정체성의 혼란을 겪는다. 구성원을 소중히 여기지 않고 일의 도구쯤으로 여기는 상사를 만난 2030의 경우다. 이런 선배와 상사를 만난 직원은 병들지 않을 수 없다. 입사 후 1년도 채우지 못하고 조직을 떠나는 청년들이 겪는 실제 상황이다.

이러한 마음속의 병을 상사나 회사에 솔직하게 꺼내 놓을 수 있겠는가? 일의 의미와 가치를 모르고 영혼 없이 일하게 만드는 조직, 구성원을 존중하지 않고 그들의 자존감을 바닥 치게 만드는 상사, 직장 내 갑질, 해로운 조직문화 모두가 '숨기고 있는 결정적인 퇴사 사유'다.

이처럼 많은 청년들이 어렵게 구직하였으나 마음에 골병이 들어 조직을 떠나고 있다. 이들 중 상당수는 한동안 일도 않고 구직도 하지 않으려는 '쉬었음' 청년이 되는 것이다. 소중한 인생이 멈추어 선 것이다. 청년들의 몸과 마음을 병들게 할 뿐 아니라, 미래의 희망마저 갖지 못하게 만드는 환경을 누가 만드는 것일까? 불행하게도 잘 못된 리더와 상사를 만나게 되면 발생하는 현상들이다. '회사보고 들어와서 상사 보고 나간다'는 씁쓸한 명언이 나오는 이유다.

상위 욕구가 충족되지 않으면 벌어지는 일

리더가 구성원을 제대로 동기부여하기 위해서는 '욕구이론'을 이해할 필요가 있다. 가장 유명한 욕구이론은 매슬로우(Abraham Maslow)의 '욕구단계이론'이다. 이 이론은 욕구를 5단계로 구분한다.

---

① **생리 욕구** : 음식, 공기, 물, 주거 등 생존 필수 욕구

② **안전 욕구** : 신체적, 심리적, 사회적 위험에서 안전하려는 욕구

③ **소속 욕구** : 집단에 소속하여 교류하고 사랑받고 싶은 욕구

④ **자존 욕구** : 명성과 명예를 얻고 인정받고 싶은 욕구

⑤ **자아실현욕구** : 잠재적 역량을 최고로 발휘하여 자신이
                  원하는 모습을 추구하려는 욕구

매슬로우는 5단계의 욕구 중 생리욕구와 안전욕구를 '저차원 욕구'로, 소속욕구와 자존욕구, 자아실현욕구를 '고차원 욕구'로 구분하였다. 이를 조직경영에 대입해 볼 수 있다. 대부분의 구성원들은 '소속감'을 중요하게 여기고 자신의 존재를 발전시킨다는 '성장'에 큰 관심을 보인다. 따라서 리더는 '저차원 욕구'가 아니라 '고차원 욕구' 충족에 관심을 가져야 한다. 다시 말해 자존욕구나 자아실현욕구와 같은 '성장욕구'를 충족시킬 수 있는 방향으로 동기를 부여해 나가야 한다.

여기서 한 가지 의구심을 가질 필요가 있다. 사람의 욕구는 항

상 상위 단계로만 발전할까? 만약 상위 욕구가 충족되지 못하면, 즉 욕구가 퇴행하면 어떤 현상이 발생할까? 이를 설명하기 위해 알더퍼(Clayton Alderfer) 학자는 'ERG이론'을 발표하였다.

① E (Existence) 존재욕구 : 생리적 욕구와 안전욕구와 같이 존재와 관련된 욕구다. 조직에서는 급여, 처우, 근무환경과 관계된다.

② R (Relatedness) 관계욕구 : 주변 사람들(상사, 동료, 친구, 가족 등)과 좋은 인간관계를 형성하고 싶은 욕구.

③ G (Growth) 성장욕구 : 스스로 성장하고 자신의 능력을 잠재적 한계까지 발휘해 보고 싶은 욕구. 능력개발뿐 아니라 자율, 성취욕구 등이 포함된다.

　　ERG이론은 매슬로우의 이론과 같이 상위 욕구의 중요성을 강조하고 있지만 결정적인 차이가 있다. 매슬로우의 이론은 욕구 출현의 진행방향이 상향 일변도였지만, ERG이론에서는 상향 또는 하향으로 진행될 수 있다는 것이다. 즉 ERG이론에서는 상위 욕구가 충족되지 못했을 경우 벌어지는 심리적 작동(퇴행)을 설명하고 있다. 예를 들면 구성원이 존재욕구(급여, 처우, 근무환경)가 충족되지 못하면 존재욕구의 강도가 커진다. 중요한 것은 상위욕구인 관계욕구나 성장욕구가 만족스럽지 못하면 하위욕구인 '존재욕구'로 퇴행하게 된다는 것이다. 구성원들이 상사나 동료와의 '관계(욕구)'에서 문제가 생기고, '성장(욕구)'를 충족 받지 못하면 결국 '존재욕구'인 '금전적 보상이나 근무환경'을 더 많이 요구하게 된다는 것이다.

이제야 2030 직장인들이 조직을 떠나는 '속마음'을 숨기는 결정적인 원인을 알게 된다. 2030 구성원들에게는 상사와 조직원과의 원만한 '관계욕구'가 중요하다. 더 더욱 중요한 것은 일의 의미와 가치를 바탕으로 한 '성장욕구' 충족이다. 이 두 가지 상위욕구가 충족되지 않고 퇴행하게 되니 결국 '연봉', '워라밸' 같은 저차원 욕구를 표면적인 퇴사요인으로 말하게 되는 것이다.

리더와 그가 만드는 조직문화, 그것이 건강한 일터의 핵심

많은 해외 연구에서도 리더의 역할과 조직문화의 중요성을 강조하고 있다. 직장 내 '해로운 조직문화'를 직원들이 떠나는 결정적인 요인으로 꼽는다. 해로운 조직문화는 보상보다 10배 이상 퇴사에 영향을 미쳤다고 한다. '나쁜 조직문화'가 조직을 떠나게 하는 핵심요인임에는 의심의 여지가 없다. 구성원들이 건강하게 일하기 위해서는 좋은 리더와 그가 만드는 조직문화가 중요하다는 결론에 이르게 된다. 구성원은 리더와의 좋은 '관계', 그리고 '성장'에 대한 기쁨을 누리기를 원한다. 구성원들이 떠나기 시작한다면 반드시 명심하라. 직원은 회사보고 들어와서 상사 보고 나간다.

리더는 스스로 볼 수 있는 거울이 없다

리더의 자기착각 90% vs 직원의 마음 25%

조직의 리더들을 대상으로 설문조사해 보면 90% 이상이 '스스로가 구성원에게 귀감이 되는 리더십을 가지고 있다'고 응답한다. 하지만 구성원들은 '지금까지 만난 리더 중 다시 함께하고 싶은 상사는?'라는 질문에 겨우 25%만이 '다시 일하고 싶은 리더'라고 답변한다. 리더의 자기착각 90% 대 직원의 마음 25% 차이는 무엇을 의미하는가? 리더는 무엇을 착각하고 있는 것일까?

대부분의 리더는 높은 자리에 오르는 순간 충분한 자격이 있다는 것을 검증받았다고 생각한다. 객관적인 리더십 성과 지표들과는 관계없이 대부분의 리더는 그들이 바람직한 리더십을 가지고 있다는 잘못된 자기 인식을 하고 있다. 객관적으로 자신의 리더십을 피드백 받아보지 못한 리더도 많다.

리더가 자기 인식이 어려운 이유

리더에게 객관적인 자기 인식이 어려운 이유는 무엇일까? 사람들은 리더로 선임되는 순간 본인은 그럴 만한 역량을 검증받았다고 착각한다. 직급이 올라갈수록 그런 신념은 더 확고해진다. 우리는 주위에서 '벌거벗은 임금님'을 쉽게 볼 수 있다. 상사가 잘못된 언행을 하더라도 누구나 감히 지적해주는 법이 없다. 상사 앞에서는 듣기 좋은 이야기만 하지만 돌아서면 수군거리며 욕하는 경우를 많이들 본다. 그들을 지지하는 일부 열정적인 아첨꾼에 의해 주위의 다른 목소리들을 들으려고 하지도 않는다.

리더의 마음속에 있는 '내로남불'도 한 몫을 한다. 많은 리더가 일의 결과가 좋으면 거울을 보며 스스로 우쭐하고, 일의 결과가 좋지 않으면 창문을 바라보며 누군가 탓할 사람을 찾기 시작한다. 좋은 리더는 일의 결과가 좋으면 창문을 바라보며 공을 구성원에게 돌리고, 일의 결과가 좋지 않으면 거울을 들고 스스로를 살펴보는 사람이다.

내면의 거울을 가졌는가?

당신이 리더라면 '자기 인식'이라는 '내면의 거울'이 필요하다. 거울은 우리의 겉모습을 있는 그대로 비춰준다. 심리학에서 이야기하는 메타인지(meta-cognition)도 일종의 거울이다. '메타인지'는 외모가 아니라 '내가 안다고 믿는 것들을 다시 비춰주는 내면의 거울'이다. 이 거울은 나의 눈, 코, 입이 아니라 내가 누구인지, 무엇을 하고 싶은지, 무엇을 느끼는지 등 내면의 상태를 들여다보는 용도로 쓰인다.

메타인지는 자신의 인지 과정에 대하여 한 차원 높은 시각에서 관찰·발견·통제하는 정신 작용이다. 자신의 인지과정에 대해 생각하여 자신이 아는 것과 모르는 것을 자각하는 것이다. 이를 통해 스스로 문제점을 찾아내고 해결하며 자신의 학습과정을 조절할 줄 알게 된다. 이렇듯 리더는 '메타인지'를 통해 객관적으로 자신을 성찰할 수 있는 힘을 키워야 한다.

위징과 같은 '거울'이 곁에 있는가?

당 태종 때 직언하기로 유명한 위징(魏徵)이란 신하가 있었다.

황제에게 바른말을 300여 차례 했다는 기록도 있다. 당 태종이 '정관의 치'로 불리는 태평성대를 만든 건 위징의 공이 컸다. 역사에서 목숨 걸고 직언하던 신하는 많았다. 그런데 위징이 유달리 높은 평가를 받는 것은 간언보다 황제를 설득하는 능력 때문이다. 위징이 죽자 태종은 '내 잘못을 보는 거울을 잃었다'고 애통해했다.

더 중요한 것은 위징은 '양신(良臣)'과 '충신(忠臣)'을 구별했다. 양신은 군주의 잘못을 설득해 자신과 나라를 같이 성공하게 하는 반면, 충신은 바른말만 하다가 군주와 같이 망하는 신하라고 했다. 위징은 자신의 입신양명이 아니라 군주(리더)가 나라(조직)을 위해 바르게 일하도록 '거울'과 같은 역할을 다했다. 당신 곁에 위징과 같은 '양신(良臣)'을 두고 있는가? 리더는 양신을 통해 늘 자신을 객관적으로 성찰하는 것이 필요하다.

리더에게 자기성찰이 중요한 이유

리더의 '자기성찰'은 리더십을 강화하고, 구성원들과의 관계를 개선하며, 조직의 목표 달성에 필수적인 역할을 한다. 자기성찰을 통해 리더는 자신의 강점과 약점을 이해하고, 이를 바탕으로 더 효과적인 의사결정을 할 수 있다. 또한, 자기성찰은 리더가 자신의 가치와 행동이 일치하는지 확인하고, 필요한 경우 조정할 수 있는 기회를 제공하게 된다.

구체적으로 자기성찰이 리더에게 중요한 이유를 정리하면 다음과 같다.

첫째, 자기인식 향상이다. 자기성찰을 통해 리더는 자신의 강점과 약점을 인식하고, 자기인식을 향상시킬 수 있다. 이를 통해 자신의 리더십 스타일을 개선하고, 효과적인 의사결정을 내릴 수 있게 된다.

둘째, 감정 관리다. 자기성찰은 감정을 인식하고 관리하는 능력을 향상시킨다. 리더는 자신의 감정을 인식하고 통제함으로써, 구성원들과의 상호작용에서 더욱 효과적이고 공감적인 리더십을 발휘할 수 있게 된다.

셋째, 학습과 성장이다. 자기성찰을 통해 리더는 과거의 경험과 실패를 돌아보고 배울 수 있다. 이를 통해 지속적인 학습과 성장을 이룰 수 있으며, 리더십 역량을 향상시킬 수 있다.

넷째, 의사결정 개선이다. 자기성찰은 리더가 자신의 의사결정 과정을 돌아보고 평가할 수 있는 기회를 제공한다. 이를 통해 리더는 과거의 의사결정에서 얻은 교훈을 바탕으로 더 나은 결정을 내릴 수 있다.

다섯째, 에고(ego) 관리다. 자기성찰을 통해 리더는 자신의 에

고를 관리하고, 구성원들의 의견과 아이디어를 존중할 수 있게 된다. 이는 팀의 창의성과 협력을 촉진하며, 조직의 성과를 향상시킬 수 있다.

자기성찰은 리더의 성장과 발전을 위한 중요한 도구다. 정기적인 자기성찰을 통해 리더는 더욱 효과적인 리더십을 발휘할 수 있다. 리더십 개발의 출발점은 자기 인식이다. 자기 인식을 높일 수 있는 방법은 '내면의 거울'을 갖추는 것이다. 또한 주변에 '양신(良臣)'을 두고 피드백을 적극적으로 받아 들여야 한다. 그렇지 않으면 자기 인식의 한계에 도달해 더 이상의 성장을 기대하기 어렵다. 리더에게 피드백은 너무나 중요하다. 내가 보지 못하는 것을 (객관적인) 피드백을 통해 볼 수 있어야 한다. 리더라면 왼손엔 '내면의 거울'을 오른손엔 '피드백'을 지니길 바란다.

리더는 올라갈수록 피드백이 없다

리더의 역린을 건드리지 말라?

'역린(逆鱗)'은 《한비자》 '세난(說難)'에 나오는 내용이다. 세난(설난)은 뜻 그대로 윗사람에 대해 '설득하는 일의 어려움'이란 내용을 담고 있다. '역린'은 용의 목에 거꾸로 난 비늘이다. 즉, 군주가 노여워하는 군주만의 약점 또는 노여움 자체를 가리키는 말이다. 군주의 역린을 건드려서 살아남은 신하가 있었을까? 하지만 국가나 민족, 조직을 위해 반드시 최고 권력자에게 진언을 해야 하는 상황이라면 어떻게 할 것인가? 굳이 권력자의 '역린'까지는 아니더라도 리더나 권력자에게 적기에 피드백을 하지 못하여 발생하는 사고사례는 얼마든지 있다.

비행기 추락 사고의 원인 '말하기 어려운 관계'

항공업계에서 조직 위계체계 때문에 부기장이나 승무원들이 문제가 있어도 무조건 기장의 말만 따르다가 항공기가 추락하는 사고가 발생하곤 한다. 2013년 7월 샌프란시스코공항에서 발생한 아시아나 항공 비행기 추락사고가 1997년 8월 대한항공 괌 추락 사고와 비슷한 점이 많다는 주장이 제기되었다. 사고의 경위를 밝히던 중 나온 주요 내용은 다름 아닌 기장과 부기장의 '권력 격차'였다. 선배 기장의 비행이 위험이 예측되어도 부기장이 쉽게 피드백을 할 수 없는 상황이었다는 것이다. 아시아나 항공 비행기 사고는 일종의 교육 훈련인 관숙 비행이었다는 점에서 기장과 부기장 간 의사소통에 문제가 있었을 가능성이 제기되었다. 1997년 8월 대한항공 괌 추락사고도 부기장이 위기상황에서도 자신보다 높은 기장에게 완곡하게 말해 의사소통에 실패한 사례로 꼽힌다.

〈실제사례 #2〉

침묵이 목숨을 빼앗는다(Silence Kills)

2005년 미국의 한 병원 중환자실. 중병에 걸린 환자는 외부와의 격리가 반드시 필요한 상황이었다. 위급을 알리는 신호음이 병원을 울리고 나서 한 무리의 의사들이 병실로 들어왔다. 그들은 누구 하나 가운이나 마스크, 장갑 등 의료장비를 갖추지 않았다. 그런데 밖에 대기하고 있던 간호사들은 누구 하나 이들을 만류하지 않았다. 환자의 생명에 치명적인 영향을 끼칠 수도 있는데, 왜 아무도 말리지 않은 것일까? 한 간호사가 이유를 설명했다. 무리를 이끌고 있던 의사는 유명한 심장외과 의사로 간호사들을 무시하고 큰 소리를 지르기에 말릴 수 없다는 것이었다.

이 이야기는 2005년 미국 간호사협회에서 발표한 '침묵이 목숨을 빼앗는다(Silence Kills)'라는 보고서에 실린 사례다. 환자의 목숨이 위험할 수도 있는 상황에서 간호사들은 왜 침묵했을까? 여러 가지 이유가 있지만, 그중에는 '침묵 효과'가 한몫 차지한다. '침묵 효과(mum effect)'란 조직의 위계체계에서 아래로부터 위로 정보가 전달될 때 좋은 내용만 알려지고, 나쁜 내용은 걸러지는 현상을 말한다.

'침묵'은 챌린저호도 폭발시킨다?

'침묵 효과'의 대표 사례는 1996년 미국에서 발생한 챌린저호(號) 폭발사건이다. 당시 사건의 원인을 조사하던 물리학자 리처드 파인만 교수는 폭발사건이 일어날 가능성에 대해 실무 연구원들과 관리자의 생각에 큰 차이가 있음을 알아냈다. 연구원들은 0.33~0.5%라고 답했는데, 중간관리자들은 0.001%라고 답해 300배 이상의 격차를 보였다. 결국 파인만 교수는 낙관적 태도로 일관하던 중간관리자들이 상부에 연구원들의 부정적인 의견을 보고하지 않은 침묵이 원인이었다고 결론 내렸다.

리더가 될수록 피드백을 받기 어려운 이유

위의 사례에서 보듯이 조직에서는 직급이 올라가고 고위직이 될수록 피드백을 받기 어렵게 된다. 직급이 올라갈수록 주변으로부터 '불편하지만 반드시 알아야 할' 피드백을 받기 어렵다는 말이다. 리더가 될수록 피드백을 받기 어려운 이유가 무엇일까? 리더 개인 관점과 조직문화 관점에서 이 문제를 반추해 보기 바란다.

첫째, 조직에는 권력격차(또는 권력거리, power distance)가 존재한다. 직급이 올라갈수록 상하 간의 권력 거리가 커지게 된다. 하위 직급의 사람들은 상위 직급자에게 솔직한 피드백을 제공하기 어렵다. 감히 누가 임원 또는 상급자에게 마음에 있는 이야기를 쉽게 하겠는가? 국가별로 권력격차의 차이가 존재하는데, 한국은 권력격차가 큰 문화권에 속한다.

둘째, 성숙한 피드백 문화를 갖춘 조직이 드물다. 피드백 문화가 충분히 개방적이고 포용적이지 않을 경우, 상위 직급의 리더는 피드백을 받기 어렵다. 많은 조직에서 피드백은 상사가 하위 직급자를 평가하고 충고하는 것으로 생각한다. 이런 조직에서 리더가 여러 의견을 듣고 열려있는 자세를 갖추기란 쉽지 않다. 리더부터 열린 마음으로 피드백을 긍정적으로 수용하는 모습을 보여야 한다. 그래야 리더와 구성원이 스스럼없이 상호 소통하며 성과를 만들어 낼 수 있다.

셋째, 리더는 스스로를 과신하는 경향이 있다. 상위 직급자는 이미 자신의 역량과 성과에 대해 높은 자신감을 가지고 있다. 따라서, 피드백을 받더라도 이를 무시하거나 경시하는 경향이 있다. 리더는 겸손해야 한다. 리더의 겸손은 '자신도 틀릴 수 있다는 마음'과 '늘 상대방으로부터 배우겠다는 열린 마음'을 갖는 것이다.

넷째, 리더의 시간과 자원의 문제다. 상위 직급자는 시간적으로 바쁜 일정을 소화하고, 다양한 책임과 업무를 맡고 있다. 따라서, 피드백을 제공하고 받는 데 필요한 시간과 자원을 확보하기 어렵게 된다. '바쁜 리더, 나쁜 리더'라는 말이 있다. 리더는 어떤 경우에도 구성원들로부터 '경청할 수 있는 시간'을 확보해 두어야 한다. 리더는 시간과 함께 '구성원을 향한 따뜻한 마음'도 늘 견지해야 한다. 그래야 구성원은 어떤 내용이든 숨기지 않는다.

상사에게 나쁜 소식은 차단, 조직을 죽게 하는 '침묵 효과'

'체르노빌 핵발전소 사고'를 기억하는가? 핵과 환경문제의 심각성을 일깨워준 체르노빌 핵발전소 사고는 연구원들의 사소한 판단 오류에서 비롯되었다. 당시 체르노빌 핵발전소에서는 한 실험이 진행되고 있었다. 핵반응로 가동을 멈춘 후 40여 분 간 공회전하는 터빈 발전기의 전력을 활용하기 위한 것이었다. 실험을 최초로 주도한 댜틀로프 팀의 연구원들에게는 사고를 막을 수 있는 '기회'가 있었다고 한다. 몇 가지 조치들, 가령 실험 진행 때문에 일시적으로 정지시킨 자동제어 시스템을 다시 가동했다면 사고를 막을 수 있었다는 것이다. 분명 직원들은 발전소에 문제가 있다는 사실을 눈치챘지만, 괴팍한 성격으로 유명했던 댜틀로프 발전소 부소장에게 보고할 용기를 내지 못했다.

부하직원이 (보고해야만 하는) 좋지 않은 소식이 있음에도 상사 앞에서 선뜻 말하지 못하는 근본적인 이유는 무엇일까? 바로 '침묵 효과(mum effect)'가 작동한 것이다. 실제 연구원들은 그런 조치를 취할 마음을 갖고 있었다. 하지만 실행에 옮기지는 않았다. 침묵 효과 때문이었다. 부정적인 정보를 전달하는 사람은 잘못된 편견을 가진 사람 또는 문제를 일으키는 사람으로 인식되는 경향이 있다고 한다. 즉, 상사가 자기를 나쁘게 볼까 두려워 좋지 않은 소식을 전하지 않으려 한다는 것이다.

'침묵 효과', 어떻게 막을 수 있을까?

리더는 '권력'과 '권위'를 구분할 수 있어야 한다. 리더가 일을 제대로 추진하려면 구성원들이 리더의 말을 믿고 따르는 분위기가 필요하다. 즉 '권위'가 서야 한다. 문제는 권위를 세우기 위해 '권력'을 휘두르는 경우다. 자신의 말을 듣지 않는 부하 직원에게 인사, 보상 등으로 불이익을 주면 다른 직원들도 말을 아끼는 '조직 침묵'이 생기게 된다. 리더가 업무를 추진하기 위해 조직이 부여한 '권한'은 자신의 이해관계를 강화하기 위한 '권력'으로 착각해서는 안 된다. 리더가 자신만을 위해 권력을 휘두르면 구성원들은 절대 자발적인 발언행동(voice behavior)을 하지 않게 된다.

다음으로 비판적 직언을 독려하고 수용하는 태도가 필요하다. 부정적인 지적은 뭔가 자신이 부족하다는 것으로 보여 회피하고 싶은 것이 인간 본성이다. 하지만 리더가 이런 직언을 피하면 오히려 조직이 실패할 수 있다. 조직과 일이 잘 되기 위한 구성원들의 직언을 리더는 감내할 수 있어야 한다. 무릇 약은 쓴 법이다. 선공후사(先公後私)의 마음, 즉 공적인 일을 먼저 하고 사사로운 일(=리더의 자존심)은 뒤로 미룰 수 있어야 조직 구성원들이 '침묵'하지 않게 된다.

리더의 피드백 공유

성숙한 리더는 피드백을 받는 것에서 그치지 않는다. 바로 '피드백 공유'의 단계까지 자신을 내어 놓는다. 리더가 피드백을 받는 것만큼 중요한 것은 피드백을 공유하는 것이다. 자신이 피드백 받았던 내용을 팀에 공개하고 이를 개선하기 위해 조언을 적극적으로 요청하는 단계다. 리더가 권위를 내려놓고 부족함을 인정하는 모습을 보여줬을 때 구성원들이 처음에는 당황스러워 하겠지만 리더를 진정성 있는 한 인간으로 바라보기 시작한다. 리더가 스스로의 부족함을 인정한 조직의 경우 놀랍게도 구성원들

또한 점차 자신의 실수와 부족함을 리더에게 털어놓기 시작한다. 이런 조직에서 '침묵'과 '숨김'은 없다. 서로가 서로를 보완하고 지지하며 응원한다.

　명심하라. 리더가 피드백을 피하면 실패를 피하기 어렵다. 리더는 항상 피드백을 받을 준비를 해야 한다.

리더는 건강하다고 착각하기 쉽다

월화수목금금금

리더는 일주일에 며칠을 일하는 게 정상일까? 베이비붐 세대는 주6일제를, X세대는 주5.5일(토요일 오전근무) 또는 격주 토요근무 시절을 겪었을 것이다. 그 시절에는 부장님이 토요일, 일요일 등산 집합(?)을 명하기도 했다. '주5일제'와 '칼 퇴근'이 당연시 되고 있는 MZ세대에게는 상상할 수도 없는 먼 과거의 이야기다.

주5일제 근무가 법적으로나 사회적으로 당연시 되는 이 시대에 리더는 과연 일주일에 며칠을 근무하고 있을까? 많은 리더들

이 '월화수목금금금' 수렁에 빠져있다. 시장상황과 경영실적이 좋지 않아 주말 대책회의를 하는 기업이 적지 않다. 회사 말고 주말마다 골프장으로 새벽같이 출근하는 임원·팀장도 많다. 대부분 '그린미팅'이라는 명목으로 '갑(甲)' 관계자를 모시기 위한 또 다른 근무지로 출동하는 것이다. 일주일 내내 시달려 잠이라도 푹 자야 할 주말 이른 새벽에 골프장으로 향한다. 이미 몸은 녹초지만 어쩔 수 없다. 오전 골프행사 이후 점심부터는 '비즈니스 낮술'이 질펀하게 이어진다. 돌아오는 차 안에서 곯아떨어진 부장님은 그렇게 집에서 잠이 들고 월요일 또 다시 출근한다. 많은 리더들이 이런 패턴의 '월화수목금금금' 주7일 근무에 빠져있다.

'월화수목금금금' 일만 하면서 달려온 수많은 리더들은 어떻게 되었을까? 앞만 보고 쉼 없이 달린 리더들이 오십 전후를 넘기며 뇌졸중, 암, 마비라는 이름으로 무릎이 꺾이는 경우가 많다. 육체적인 질환만 찾아오는 것이 아니다. 정신적인 고통과 마음의 헛헛함을 숨기고 있는 리더도 많이 만나게 된다. 자신의 속마음을 이야기할 사람이 조직에는 없다. 아래 직원들에게는 틈을 보여서는 안 되고, 경쟁관계에 있는 동료들에게는 약한 모습을 보이면 안 되기 때문이다. 자신이 우울증을 앓고 있는지, 공황장애를 겪고 있는지도 모른다. 왜 이런 안타까운 현상이 발생하는 것일까? 자신과 주변을 돌아보지 않고 전력질주만 한 결과다. '조직에 충성한다는 것', '앞만 보고 달린다'는 것에 대해 다시 생각해야 한다.

리더의 자기 돌봄

'신(神)도 과로하는 자의 건강 기원 기도는 들어주지 않는다'는 말이 있지 않은가? 자신의 한계를 살피지 않는 '과로'는 '자기 착취'로 이어지고 결국 '자기 파괴'로 마무리가 된다. 이런 악순환을 끊기 위해선 '자기 돌봄'의 시간을 반드시 확보해야 한다. 상황을 무시한 채 일을 할 수 있을 것 같은 기분으로 일정을 짜면 안 된다. '할 수 있을 것 같은 기분'과 '실제로 하는 것'의 간극 때문에 더 집요한 자기 착취와 비하가 발생하기 때문이다. 돌집이 무너지지 않으려면 바람이 지나다니는 '틈'이 필요하다. 일의 적정선을 알아야 한다.

리더는 앞만 보고 달리기 쉽기 때문에 스스로 돌아볼 시간(틈)이 없다. 본인의 문제를 인식조차 못하는 경우가 많다. 스스로 '이상 없다'고 착각하기 쉬운 이유다. 자신을 돌보지 않고 몰아붙이기만 하면 결국 '자기 파멸'로 이어지게 된다.

리더가 건강하게 존속하기 위해서는 '육체적'인 부분만 중요한 것일까? 리더의 '정서적' 건강 측면도 살펴보자.

당신은 '정서적 안정성'이 있는가?

　조직경영과 관련성이 큰 다섯 가지 성격유형을 5대 성격(big five)이라고 한다. 즉, 성실성, 친화성, 정서적 안정성, 외향성, 그리고 경험에 대한 개방성 등이다. 5대 성격 중 리더의 건강과 관련하여 중요한 요소가 '정서적 안정성'이다.

　'정서적 안정성(emotional stability)'이 낮은 리더는 기쁨과 슬픔, 흥분과 침울함의 양극단 감정을 보인다. 또한 불안한 감정을 자주 표출한다. 정서적으로 불안정한 리더는 다른 사람들의 비판에 민감하다. 사회적 지원을 충분히 받지 못하고 있다고 느끼고, 스스로에 대해서도 냉소적인 태도를 보인다. 반면에 '정서적 안정성'어 높은 사람은 차분하고 열정적이며 스트레스나 긴장상태에 대한 극복 능력이 탁월하다.

　리더가 정서적으로 건강해야 구성원들이 안정감을 느낀다. 구성원들은 항상 리더에게 쉽게 다가가고 편하게 이야기 하고 싶어한다. 리더가 감정기복이 심하면 구성원들은 일에 집중하는 것이 아니라 리더의 기분을 살피는데 에너지를 소비한다. 구성원들이 심리적 안정감을 가지고 적극적으로 소통하기 원한다면 리더의 '정서적 안정성'은 조직의 필수조건이 된다.

전신대처 증후(general adaption syndrome)

리더는 직책상 다양한 스트레스에 시달린다. 리더가 어떤 상태에 있는지 스스로 진단해 볼 필요가 있다. 우리 신체는 여러 가지 원인에 의해서 과도한 요구를 받는다. 이때 신체의 어느 일부분만이 그러한 스트레스에 대처하기 위해 긴장하는 것이 아니다. 전신이 자기방어를 위한 태세에 들어가게 된다. 우리 신체의 방어기능은 스트레스 원천을 극복하든가 그에 적응하기 위해서 전반적 가동상태에 들어가게 된다. 여러 방어 작용이 거의 동시에 작동하기 때문에 증후(syndrome)라는 명칭이 붙는다.

전신대처 증후는 세 단계로 나뉜다. 경보단계, 저항단계, 그리고 탈진단계다. 처음 스트레스의 원인이 신체에 전달되면 뇌에서 신체의 모든 부분에 경보를 울리게 된다. 결과적으로 우리의 신체는 혈압상승, 근육수축 등의 반응을 보이게 된다.

저항단계는 신체가 스트레스의 원천과 싸우는 단계인데 피로와 긴장감을 느끼게 된다. 다수의 스트레스에 장기간 노출되어 적응이 더 이상 유지 될 수 없는 상태인 소모의 단계가 올 수 있다.

마지막 단계는 우리 신체가 저항과정에서 모든 에너지를 써버려 기진맥진하게 되는 탈진단계다. 바로 '번아웃 증후군(burnout syndrome)'에 들어간 상태다. 일에 몰두하던 사람이 극도의 스트레스로 인하여 정신적, 육체적으로 기력이 소진되어 무기력증, 우울증 따위에 빠지는 현상이다.

리더는 스스로 자신이 어떤 상태에 있는지 살펴야 한다. 그래야 상태에 맞는 처방을 제때에 할 수 있다. 탈진상태에 있는 리더는 육체적, 정서적으로 건강할 수 없다. 아픈 리더가 구성원들과 함께 할 수 있는 일은 아무것도 없다.

당신은 건강한 리더인가?

리더는 건강해야 한다. 신체적 건강뿐만 아니라 정서적 건강을 포함한다. 리더가 건강해야 하는 이유는 여러 가지 있다.

① 건강해야 인지 기능이 제대로 작동한다. 건강한 리더는 인지 기능이 향상되어 의사 결정, 문제 해결, 창의성 등의 능력을 제대로 발휘할 수 있다.

② 건강해야 스트레스를 관리할 수 있다. 건강은 스트레스 관리에 중요한 역할을 한다. 건강한 리더는 스트레스를 효과적으로 관리하고 대처할 수 있어 팀 분위기와 생산성에 긍정적인 영향을

미치게 된다.

③ 건강해야 에너지와 동기를 부여할 수 있다. 건강한 리더는 에너지가 넘치고 밝은 모습으로 구성원을 대할 수 있다. 이는 구성원에게 긍정적인 영향을 주고 팀 성과를 향상시킬 수 있다.

④ 건강해야 구성원들에게 긍정적인 모범이 될 수 있다. 건강한 생활습관과 올바른 식습관을 통해 팀원들에게 영감을 주고 건강한 조직 문화를 형성할 수 있다.

⑤ 건강해야 지속가능한 성과를 만들 수 있다. 건강한 리더는 장기적인 성과를 추구할 수 있다. 리더가 건강해야 지속적으로 구성원들과 소통하고, 과제수행에 있어 지구력을 발휘할 수 있다. 리더의 건강은 좋은 분위기, 멈추지 않는 근성을 만들고 조직이 지속적인 성과를 만드는데 좋은 밑거름이 된다.

마음 휴가, 멘탈 바캉스

하루일과가 시작되면 치열하게 일정을 소화해야 하는 리더의 현실. 사업과 업무가 과중하여 휴가를 반납했다는 리더도 많다. 휴가라는 단어를 입 밖에 내면 '팔자 좋은 소리'라는 핀잔을 듣기도 한다. 상황에 따라 육체적 휴가를 갖지 못하는 경우도 있다. 하지만 리더는 '마음 휴가' 만큼은 관심을 가져야 한다. '마음 휴가'

를 '멘탈 바캉스'라고도 한다. 이는 외부 자극을 단절시켜 뇌를 쉬게 하고 자신의 내면을 들여다보면서 마음을 만나는 활동을 말한다. 휴가는 '쉴 휴(休)'에 '틈 가(暇)'를 합친 말이다. 일과 일 사이, 일정과 일정 사이 '틈'과 '겨를'을 반드시 가지라는 말이다.

'멘탈 바캉스'를 갖기 위한 3가지 처방전은 '산책', '독서', '자신만의 안식처 갖기'다. 마음이 답답하고 아이디어가 떠오르지 않을 때 잠시라도 '산책'을 해보기 바란다. 일정과 일정사이도 좋고, 출퇴근 시에도 좋다. 뜨겁게 달아올랐던 머리와 가슴이 한결 차분해 질 것이다.

'독서'를 통한 사색과 충전은 말할 것도 없이 큰 도움이 된다. 업무와 관련된 서적도 좋고 자신을 되돌아보게 하는 인문학 책도 좋다. 신문 칼럼을 읽으면서도 인사이트를 발견하기도 한다. 일에만 매몰되었던 뇌가 새로운 정보를 만나면서 생각지도 못한 해결책이 떠오르게 된다. 마음을 울리는 한 편의 시를 읽으면서 인생의 길목에 자신이 서 있는 위치를 깨닫게 되기도 한다.

특히 자신만의 안식처 '케렌시아'를 갖기를 바란다. 몸과 마음이 지쳤을 때 휴식을 취할 수 있는 나만의 공간, '케렌시아'. 원래 '케렌시아'는 스페인어로 '귀소 본능', '안식처' 등을 뜻하는 말이다. 투우(鬪牛) 경기에서는 투우사와의 싸움 중에 소가 잠시 쉬면서 숨을 고르는 영역이다. 투우장의 소가 '케렌시아'에서 잠시 숨을 고르고 다음 싸움을 준비하는 것처럼, 리더들도 남에게 방해 받지 않고 지친 심신을 재충전할 수 있는 자신만의 공간이 필요 하다. 술집만 찾지 말고, 영혼의 음식을 맛볼 수 있는 작은 노포 식당, 분위기 좋은 카페, 아늑한 책방, 회사 옆 작은 공원, 퇴근길 버스의 맨 뒷자리 등 자신만의 마음을 살필 수 있는 공간을 찾기 바란다.

자신의 마음을 재충전한 후에야 리더는 구성원들의 마음에 진심으로 귀를 기울일 수 있다. 구성원의 마음 건강을 제대로 살피기 위해서라도 리더는 반드시 '마음 휴가', '멘탈 바캉스'를 가져야 한다. '틈'이 없는 돌담은 강한 바람에 쓰러지게 되어 있다.

리더의 모습은 거울

'거울이론'을 아는가? '거울이론'은 사람들이 타인의 표정, 제스처, 감정을 모방함으로써 비언어적으로 소통하고, 공감을 형성한다는 심리학적 이론이다. 이 이론은 거울 뉴런의 발견에 기반을 두고 있으며, 인간이 사회적 상호작용을 하는 방식에 대한 깊은 이해를 제공한다. 구성원들은 리더의 표정과 제스처, 감정을 모방하고 소통한다. 이처럼 리더의 모습은 거울에 비치듯 구성원의 몸과 마음에 영향을 미치게 된다. 리더가 자신과 구성원을 위해서 스스로 건강을 관리하고 유지해야하는 이유다. 자신의 표정이 어떠한지, 그 표정이 주위에 어떤 영향을 미치고 있는지 정기적으로 살펴보기를 바란다. 리더가 건강해야 좋은 표정을 지을 수 있다. 좋은 기분과 밝은 표정은 리더의 매너다.

이처럼 리더의 건강은 조직 구성원에 미치는 영향이 크다. 육체적, 정서적으로 아픈 리더가 스스로 건강하다고 착각하고 있다면 조직에는 어떤 일이 벌어지게 될까? 명심하라. 리더가 아프면 조직도 병이 들기 시작한다.

리더가 병들면 조직도 아프다

리더가 병 들면 나타나는 7가지 증상

리더가 아프고 병이 들었다는 것은 비단 육체적인 건강만을 이야기하는 것이 아니다. 리더십 측면에서 리더가 병들었다는 것은 '리더십 탈선'현상으로 설명할 수 있다. 리더십 탈선(derailment)은 '기차가 선로를 벗어나는 사고'라는 뜻이다. 영어 뜻 그대로 '리더로서 가야할 길(=선로, rail)'을 '이탈(de-접두어)'한 것이다. 리더십 탈선은 주로 7가지 현상으로 나타난다. (리더십 탈선 7가지 현상은 제3장에서 상세하게 다룰 것이다.)

> ① 자신만 잘난 줄 아는 나르시시즘 (Narcissism)
> ② 자신의 성공만 바라보는 과도한 야망 (Overly-ambitious)
> ③ 자신의 일을 위해 타인을 공격하는 성향 (Intimidating)
> ④ 작은 것에 집착하는 마이크로 매니징 (Micro-managing)
> ⑤ 도덕성이 결여된 비윤리성 (Immorality)
> ⑥ 타인에 대한 냉소적인 성향 (Aloofness)
> ⑦ 좁은 시야와 변화 저항 성향 (Narrow range of viewpoint)

리더의 길을 이탈한 사람을 '디레일러(derailer)'라고 칭하기도 한다. 리더십 디레일러는 위의 7가지 현상을 보이는데, 이들은 조직에 어떤 영향을 미치게 될까?

리더의 탈선은 조직을 썩게 한다?

정상적인 리더십 행위에서 벗어나 탈선한 리더를 '썩은 사과'에 비유하기도 한다. 조직 내 병든 인물을 '썩은 사과'라 칭한 이유는 무엇인가? 이제껏 문제인물들은 또라이, 독사, 지뢰 등 다양하게 비유돼 왔다. 그러나 '썩은 사과'란 단순히 성격파탄자나 일시적으로 남을 괴롭히는 인물이 아니다. 위에서 내려다보기에는 (정상적인 길로 가는) 남들과 똑같거나 더 탐스럽게 보이지만 그 아랫면을 들춰보면 시커멓게 썩어(이탈해) 있는 사과가 바로 '썩은 사과'이다.

그들의 썩은 면은 강력한 독성을 가지고 있다. 이러한 문제인물을 보유한 조직은 썩은 사과 한 알을 며칠 방치해뒀더니 한 상자 전체가 썩어버리는 것과 똑같은 경험을 하게 된다. 이후 어떤 사과(직원)를 담아도 썩게 만드는 조직 환경을 초래하는 것, 그것이 바로 썩은 사과(탈선한 리더)의 특성이다. 중요한 사실은 '썩은 사과' 같은 상사로 인해 대다수 직원은 업무 몰입도가 저하되며 '영혼 없이 최소한의 일만 하겠다'는 조용한 퇴사(quiet quitting) 상태로 빠지게 된다는 것이다. 이로 인해 실제 조직을 떠나는 것은 당연한 수순일지 모르겠다.

썩은 사과의 법칙

한 명의 '썩은 사과'로 인해 조직 피라미드의 상당 부분이 오염되면, 제 아무리 훌륭한 프로젝트를 진행한들 사상누각이 될 수밖에 없다. 조직에 치명적 결과를 초래하는 '썩은 사과의 법칙'은 다음과 같다.

첫째, '썩은 사과'는 반드시 손실을 가져온다. 그들은 비록 유능해 보인다 해도 그들이 내는 성과는 숨겨진 손실규모에 비하면 빙산의 일각에 불과하다.

둘째, '썩은 사과'는 쉽게 드러나지 않는다. 그들은 두 얼굴을 가지고 있으며, 조직 내에는 그들을 비호하는 세력이 분명히 있기 마련이다.

셋째, '썩은 사과'는 절대 회복할 수 없다. 많은 충고와 조언으로 그들을 교정하려 하지만, 이는 순진한 생각에 불과하다. 썩은 사과에 대한 조직의 전략이 대부분 실패하는 것은 이 때문이다.

넷째, '썩은 사과'는 결코 혼자 썩지 않는다. 썩은 사과는 강력한 독성으로 주변을 오염시킨다. 이것을 방치하면 조직시스템 자체를 망가뜨리는 결과가 나타난다.

조직을 위기로 빠뜨리는 장군의 유형

병든 리더, 탈선한 리더, 썩은 사과와 같은 리더가 군대의 장군이라면 조직에 어떤 영향을 주게 될까? 리더십의 원칙은 모든 조직에 동일하게 작동한다. 조직을 위기에 빠뜨리는 장군의 유형을 '손자병법'에서 5가지로 나누어 경고하고 있다.

첫째, 죽기만을 각오하는 장군은 모두 죽게 만든다. 죽기만을 각오하고 무작정 돌격을 명령하는 리더의 감정적 대응은 결국 조직을 파멸로 이끈다는 엄중한 경고다.

둘째, 살기만을 생각하고 싸우는 장군은 모두 포로가 되게 한다. 구차하게 살기만을 바라고 싸우는 리더는 부하를 모두 치욕스런 포로로 만든다.

셋째, 분노를 못 이겨 재촉하는 장군은 수모를 당할 수 있다. 분노를 못 이겨 병사들을 적의 성으로 개미처럼 기어오르게 하면 병사들의 3분의 1을 잃을 것이라고 손자는 경고한다.

넷째, 절개와 고귀함만을 고집하는 장군은 치욕을 당할 수 있다. 자신의 명예와 자존심을 소중히 여길 줄만 알았지 조직의 생사에는 관심이 없는 장군은 그가 고집하는 명예 때문에 도리어 조직에게 치욕을 안겨줄 수 있다.

다섯째, 병사들을 소아적으로 아끼다가 조직이 고민에 빠질 수 있다. 장군이 인정주의에 빠져 조직을 위태롭게 만들 수 있다는 뜻이다.

병든 리더가 조직에 미치는 영향은 이루 말할 수 없다. 구성원들은 의욕을 잃고, 육체적·심리적 질병에 시달리게 된다. 조직을 떠나고 싶어 하고, 업무 몰입도가 저하된다. 영혼 없이 시키는 일만 할 수도 있다. 얼마나 불행한 일인가?

리더는 올바른 리더십을 배워야 한다. 그것이 리더십 처방이다.

리더는 리더십 처방이 필요하다

올바른 처방전이 필요한 이유

처방전은 의사가 환자의 질환을 치료하기 위한 약물 복용, 물리치료, 운동처방 등을 담고 있다. 아픈 사람에게 정확한 처방전을 주기 위해서는 제대로 된 진단이 선행되어야 한다. 의사는 환자의 증상을 파악하고, 환자의 병력(과거 이력, 부작용, 복용 중인 약물 등)을 파악하여, 처방에 반영해야 한다. 또한 의사는 최신 의학 정보와 연구 결과를 습득하고, 환자의 상황에 맞는 처방을 할 수 있어야 한다.

일부 환자는 병원이나 약국 등 의학적으로 검증된 시스템을 활용하지 않고 민간요법을 택하기도 한다. 민간요법이라는 개념 자체가 과학, 의료 기술이 발달하지 못했던 시절에 병을 낫기 위해 이것저것 시도해 보았다가 얻어걸린 방법들을 치료법으로 취급한 것이다. 민간요법은 위험성이 있고 사람마다 신체적 환경이 다르므로 효용성이 낮을 수밖에 없다. 의학은 과학적인 연구와 근거에 기반하여 개발되고 검증되는 반면, 민간요법은 주로 경험적인 증거나 전통에 의존하기 때문이다. 민간요법은 일부 경우에는 도움이 될 수 있지만, 심각한 질병이나 건강 문제에 대해서는 의학적인 시스템을 활용하는 것이 중요하다.

민간요법을 쓸 것인가? 의학을 쓸 것인가?

리더십 연구에서는 리더십을 '문학으로서의 리더십'과 '과학으로서의 리더십'을 구분하여 설명한다. 문학으로서의 리더십은 역사나 사회적으로 본이 되는 리더 또는 리더의 특성을 정형화한 경우가 많다. ○○리더십(예: 군자 리더십, 이순신 리더십, T자형 리더십 등) 또는 '○○원리, ○○원칙'으로 포장한다. 사회과학적 엄격성에 기초한 분석과 이해보다는 특별한 이야기에 근거한 문학적인 감동을 목적으로 한다. 예로부터 내려오는 민간요법에 가깝다.

이러한 문학적 접근은 지나치게 개인적 경험에 치우쳐 있고, 주장의 근거가 불명확한 경우가 많다. 근거가 엄격하지 못하면 보편적 진리로 받아들이기 어렵고 일반화하는데 한계가 있다. 특정한 부류에 속하는 사람들이나 독특한 상황 하에서만 적용되는 처방들을 마치 모든 경우에 모든 사람에게 적용될 수 있는 것으로 오인할 수 있다.

리더십에 대한 문학적 접근방식이 전혀 효용이 없는 것은 아니다. 개인들에게 감동을 주고 변화의 동기를 이끌어 내는 것만으로도 충분히 역할을 하는 것이다. 하지만 본 책에서는 리더십을 문학적(민간요법)으로 접근하지 않고 과학(의학)적 방법으로 처방(대안)을 제시하고자 한다. 즉, 과학적인 연구와 오랜 임상실험에 근거한 '리더십이론'을 처방전으로 활용할 것이다.

일반적으로 신약 개발에는 몇 년에서 10년 이상의 시간이 소요된다. 신약 개발은 선도물질 발굴 → 전임상 연구 → 임상시험 → 신약 허가 → 상용화 단계 등 엄격한 절차를 거지게 된다. 사람의 생명을 다루기 때문이다. 리더십 처방도 리더 개인뿐만 아니라 조직 전체의 운명을 다루는 분야다. 오랜 기간 과학적인 연구와 임상에 근거한 '리더십 이론'을 활용해야 하는 것이 바람직하다.

7가지 리더십 처방전

앞에서 리더가 병들면 나타나는 증상을 '7가지 리더십 탈선 유형'으로 정리하였다. 본 책에서는 리더십 탈선 유형에 맞추어 '7가지 리더십 처방전'을 제시하고자 한다. (상세 내용은 Chapter 4에서 다룰 것이다.)

① 진정성을 가져라 (Authentic leadership : 진성리더십)

② 의미와 목적으로 무장하라 (Spiritual leadership : 영성리더십)

③ 동료의식을 가져라 (Shared leadership : 공유리더십)

④ 권한을 위임하라 (Empowering leadership : 임파워링 리더십)

⑤ 올바름을 추구하라 (Ethical leadership : 윤리적 리더십)

⑥ 리더를 육성하라 (Super leadership : 슈퍼리더십)

⑦ 변화를 추구하라 (Transformational & Issue leadership
: 변혁적&이슈리더십)

리더십 탈선을 치료할 수 있는 7가지 처방전을 위의 검증된 리더십 이론을 중심으로 제시할 것이다. 7가지 리더십 처방전의 이니셜을 한 단어로 연결하면 바로 'ASSEEST' 즉, '어시스트 리더십'이 된다. 진정한 리더는 골을 넣는 주인공이 아니라 구성원과 조직이 성과를 만들고 지속적인 성장을 할 수 있도록 도와주는 '어시스터(assistor)'인 것이다. '어시스트 리더십'을 통해 건강해진 리더는 구성원들과 의미, 가치, 목적을 공유하고 조직에 신바람을 불러일으켜 새로운 조직문화와 성과를 만들어 낼 것이다. 이것은 많은 연구를 통해 검증된 결과이다.

명심하라! 성과 즉, 골(goals)은 구성원이 넣는다.

Chapter ———————— 2

리더가 병드는 7가지 전조증상

역할을 모르면 병이 든다

잘 나가던 실무자라고 성공한 리더가 될까?

대부분 리더는 실무자 시절 잘 나가던 사람이다. 능력을 인정받아 조직에서 리더의 역할을 수행하게 된다. 많은 리더가 실무자 시절의 영광은 뒤로하고 스스로 병이 드는 경우가 많다. 대부분 기업에서는 리더로서 필요한 기술을 제공하지 않기 때문이다. 실무자 시절의 성과만 가지고 리더의 자리에 앉히는 경우가 허다하다.

많은 리더가 직책에 맞는 역할 수행을 하지 못한다. 무엇을 해야 하는지 역할을 모르는 경우도 많다. 조직에서 능력을 발휘하지 못하는 것은 당연하다. 리더 초기에는 때에 따라 성과를 보일 수도 있다. 하지만, 미숙한 부하관리, 타인과의 관계 구축 실패, 상사 부적응, 전략적인 마인드 부족 등으로 병이 들기 시작한다.

기대되는 역할과 지각된 역할

조직 내의 구성원은 직무와 직책에 따라 고유한 역할을 부여받는다. 역할을 분류하면 '기대되는 역할'과 '지각된 역할'이 있다. 이 두 가지 역할이 서로 조화를 이룰 때 성과가 높아진다.

'기대되는 역할'이란 구성원 서로 간에 수행해주기를 기대하는 역할이다. 반면 '지각된 역할'이란 특정인의 행동을 인식한 결과이다. 실무자에게 기대되는 역할이 다르고 팀장에게 기대되는 역할이 다르다. 모든 구성원은 서로에 대해서 기대역할을 갖게 된다. 문제는 구성원이 리더에게 기대하는 역할과 실제 리더의 행동이 다를 때 나타난다. 이 둘 간 차이가 있을 때 성과에 부정적인 영향을 미치는 것은 당연하다.

리더에게 '기대되는 역할'은 무엇일까? 구성원은 리더가 전문성을 가지고 일의 방향성을 알려주기 바란다. 일이 풀리지 않을 때 돌파구가 되어주기를 기대한다. 힘들 때 포기하지 않도록 동기부여 해주기 원할 것이다. 또한, 여러 자원을 관련 부서와 상사로부터 획득하여, 일이 추진되도록 지원해주기 원할 것이다. 리더는 실무자가 아니라 리더로서 '기대되는 역할'을 올바로 인식해야 한다. 리더가 역할을 충실히 한다면 '기대되는 역할'과 '지각된 역할'이 일치하게 된다. 이런 조직은 리더 신뢰를 바탕으로 구성원이 반드시 성과를 내게 되어 있다. 그렇다면 리더가 '기대되는 역할'을 제대로 수행하기 위해서 요구되는 역량은 무엇이 있을까?

리더에게 요구되는 세 가지 역량

리더에게 요구되는 역량은 전문적 능력, 인간관계 능력, 개념화 능력 등 크게 세 가지로 나눌 수 있다.

첫째, '전문적 능력(operational skill)'이다. 이는 임무수행을 위하여 그 임무에 필요한 지식이나 방법, 기술을 말한다. 이는 경험이나 교육, 훈련 등에 의하여 얻어진다. 바로 리더가 실무자 시절에 잘 나갈 수 있었던 역량이다. 이러한 전문적 능력을 갖추지 못한 리더는 구성원에게 '무능한 리더'로 지각된다. 무능한 리더를 구성원들이 잘 따를 리가 없다. 리더는 직무에 대한 전문성을 갖추기 위해 부단히 노력해야 한다. 특히 새로운 조직이나 보직을 맡은 경우 더욱 그렇다. 해당 분야에 새로운 전문지식에 대해 묻고 배우고 익혀야 한다.

둘째, '인간관계 능력(human skills)'이다. 전문적 능력을 갖춘 초임 리더에게 가장 요구되는 능력이다. 리더는 직급과 직책에 따라 요구되는 역량이 달라진다. 상위 직책일수록 지식이나 기술보다는 인적자원을 관리하는 능력이 더 중요시된다. 인간관계 능력은 효과적으로 리더십을 발휘하게 한다. 즉 조직원의 동기를 유발하며 구성원과 원활한 의사소통을 수행하게 한다. 많은 초임 리더가 업무만 잘 하면 된다는 착각에 빠져 인간관계를 놓쳐버리는 우를 범하게 된다. 인간관계 능력이야말로 리더가 갖추어야 할 필살기 같은 역량이다. 리더는 자신이 아닌 구성원들을 통해 성과를 내야 하는 사람이기 때문이다.

셋째, '개념화 능력(conceptual ability)'이다. 상급 리더로 갈수록 필요한 역량이 바로 개념화 능력이다. 리더는 조직에서 일어나는 복잡한 정보, 사건, 현상을 정리해야 한다. 이를 일정한 틀에 따라 이해할 수 있어야 한다. 이러한 능력이 뛰어난 리더는 상황을 보다 빨리 이해하고 목표 달성을 위해 무엇이 필요한지 꿰뚫어 본다.

조직 내외부에는 여러 가지 문제와 상황이 발생한다. 그 속에서 리더는 '우리 조직이 무엇을 해야 하는지' 알아야 한다. '무엇을 전략화해야 하는지', '무엇을 실행해야 하는지' 조직원에게 설파할 수 있어야 한다. 이를 제대로 못하면 소위 '개념 없는' 리더가 되는 것이다. 이런 리더는 조직이 잘못된 일을 하게 만들기도 한다. 독도법을 모르는 중대장이 병사를 이끌고 엉뚱한 고지로 올라가서 듣게 되는 것이 이 말이다. '기대되는 역할'을 제대로 모르는 리더, 요구되는 역량을 갖추지 못한 리더는 잘 나가던 '인재(人材)'에서 조직을 망치는 '인재(人災)'로 전락하게 된다.

리더가 위로 올라갈수록 맞게 되는 6단계 전환점

리더가 갖추어야 할 역량을 직책 단계별로 좀 더 세부적으로 이해할 필요가 있다. 바로 '리더십 파이프라인(leadership pipeline)' 개념이다. 리더십 파이프라인은 미국의 General Electric(GE)사에서 개발한 것이다. 조직 전체에서 리더십 역량을 효과적으로 개발할 수 있도록 구성된 모형이다. GE는 많은 인재를 양성해 다른 조직과 업계에서 유능한 리더를 배출하는 '인재 인큐베이터'로 알려져 있다. GE가 개발한 이 모형의 핵심 가정은 리더십이 조직 전체에 단계적으로 필요하다는 것이다. 리더십은 단계별로 요구되는 지식과 기술, 시간 관리, 일의 성격 등이 달라진다.

리더십 파이프라인 모형에서는 리더의 직책을 일곱 단계로 구분한다. 각 직책에 맞는 능력과 기술을 제시하고 있다. 이 모형의 일곱 단계는 자기 관리(manage self)와 타인관리(manage others), 관리자 관리(manage manegers), 영역 관리(manage function), 비즈니스 관리(manage business), 그룹 관리(manage group), 기업 관리(manage enterprise)이다.

첫째, '자기 관리(manage self)'에서 '타인관리(manage others)'로 넘어가는 단계이다. 실무자(self) 시절에는 업무 전문능력, 업무 열정, 창의력, 자기 관리 등이 요구된다. 초임 리더가 되면 자기관리에서 타인관리로 이동하는 첫 번째 전환점을 맞이하게 된다. 이때 필요한 기술은 구성원에 대한 업무 할당, 동기부여, 코칭, 평가 등이다. 많은 리더가 타인관리의 직책을 맡았으면서도 자신의 업무만 수행하려고 한다. 이 과정에서는 관리자로서 역할을 인식하고, 구성원에게 시간을 할애해야 한다.

둘째, '관리자 관리(manage manegers)'로 넘어가는 단계이다. 타인관리와 관리자 관리 사이에는 큰 차이점이 있다. 전자는 직접 업무를 수행하는 것이 여전히 역할의 일부분이다. 후자는 오로지 관리만을 맡아야 한다는 것이다. 관리자를 관리할 때에는 다른 사람에게 관리의 역할을 분배하고 코칭 해야 한다. 또한, 자신 부서 기능 이외에 조직 전체의 전략적 이슈에도 관심을 가져야 한다. 다른 부서 관리자들과도 협력해야 하고, 자원을 확보하기 위해 경쟁도 해야 한다. 더불어, 장기적 관점을 가지고 전체의 전략에 맞추어 부서의 전략을 기획해야 한다.

셋째, '영역 관리(manage function)'로 넘어가는 단계이다. 3단계 리더십 전환점을 통과하는 것은 생각보다 어렵다. 겉보기에는 전 단계 관리자의 역할과 크게 다른 것이 없어 보인다. 하지만, 자신의 뜻을 실무자에게 전달하려면 아래로 두 단계의 관리자층을 거쳐야 한다. 따라서 새로운 의사소통 능력을 개발해야 한다. 자신이 알지 못하는 기능까지 이해해야 하는 시점이다. 전체적인 차원에서 각 부분의 역할까지도 제대로 파악해야 한다.

넷째, '비즈니스 관리(manage business)'로 넘어가는 단계이다. 비즈니스 관리의 직책을 맡으면 여러 부서의 기능을 통합해야 한다. 단기적 목표와 장기적 목표 간의 균형도 맞추어야 한다. 특히 자신이 소속되지 않았던 부서의 기능도 가치 있게 여기는 것이 중요하다. 비즈니스를 잘 관리하기 위해서는 자본을 전략적으로 분배하는 역할을 맡아야 한다. 또한, 어떤 비즈니스를 추가, 제외, 개선해야 하는지 결정도 해야 한다.

다섯째, '그룹 관리(manage group)'로 넘어가는 단계이다. 그룹 관리자는 환경 변화에 따라 사업 포트폴리오를 구성할 수 있어야 한다. '어떤 사업을 중단하고, 어떤 사업에 변화를 추구해야 현재와 미래의 수익을 보장할 수 있는지' 알아야 한다. 이를 위해 자신의 사업이 시장에서 살아남기 위한 핵심역량을 갖추고 있는지 냉철하게 분석할 수 있어야 한다. 또한, 자원의 분배와 집행을 전략적으로 수행할 수 있어야 한다. 비즈니스 관리자를 양성하는 것도 중요한 역할이다.

마지막으로 '기업 관리(manage enterprise)'로 넘어가는 단계이다. 기업을 관리하기 위해서는 외부 변화에 민감하고, 적극적으로 비전을 제시해야 한다. 이렇게 하기 위해서는 직원 전체에게 영감을 주어야 한다. 뿐만 아니라, 여러 매체를 통하여 의사 전달을 할 수 있어야 한다. 핵심 인재를 확보하기 위한 전략을 수립하는 것도 기업 관리자의 중요한 역할이다.

리더십 파이프라인 모델은 조직의 크기에 따라 단계를 달리 적용할 수 있을 것이다. 중요한 점은 리더는 초임부터 최고위 CEO까지 각 단계별로 다른 역할과 역량을 요구받는다는 것이다. 리더가 자신의 위치에서 '요구되는 역할'을 제대로 인식하지 못하면 결국 리더 자신뿐 아니라 그가 이끄는 조직은 병이 들게 되어 있다. 이런 조직은 가치와 성과를 만들 수 없다. 지속 가능한 경영을 하지 못하여 죽음(파산)에 이르기도 한다.

구성원(self)으로 있을 때 성공은 한 사람에 국한된 개념이다. 자신이 맡은 분야에서 혼자서 보이는 실적과 기여, 해법 같은 것이다. 하지만 일단 리더가 되고 나면 역할과 평가는 달라진다. 리더의 성공은 다른 사람을 어떻게 키우느냐에 따라 좌우된다. 리더의 성공은 한 개인이 무엇을 잘 했느냐가 아니라 그가 이끄는 팀(조직)이 어떤 성과를 내느냐에 달려 있기 때문이다.

리더는 함께 하는 구성원을 키우고, 그가 이끄는 팀(조직)이 성과를 내게 만드는 사람이다. 자신의 역할을 모르는 리더는 '자신'이라는 나무에만 매몰되어 '조직'이라는 숲을 보지 못하는 사람이다. 이런 리더가 이끄는 조직이 방향을 제대로 잡을 리 만무하다. 리더라면 자신의 역할이 무엇인지 다시 한 번 반추해보기 바란다.

관계를 무시하면 병이 든다

성공과 실패, 대인관계에서 큰 차이

성공하는 리더와 실패하는 리더의 공통점과 차이점은 무엇일까? 한 명의 구성원에서 관리자 레벨로 올라선 리더들은 공통적으로 지적인 능력이나 기술적 역량, 성장에 대한 의지를 가지고 있었다. 나름대로 조직에서 인정을 받고 성과 경쟁에서 우위를 보였다는 것이다.

이러한 공통점 말고 실패(탈락)한 리더가 보이는 차이점은 무엇일까? 바로 '대인관계'에서 큰 차이를 보이는 것으로 나타났다.

실패한 리더는 대부분 동료나 직원들과의 관계가 미숙했다. 권위적이고 오만하고 냉담하며 무신경한 사람으로 비춰졌다. 또한 자신이 일하기 편한 직원만 데리고 일하는 편향적 인력운영을 하기도 했다.

더 심각한 것은 상사와 좋은 관계를 맺지 못하는 경우다. 특히 다른 리더십 스타일을 보이는 상사에 적응을 못하여 업무 관계 구축에 실패하는 것으로 나타났다. 대부분 이러한 리더의 경우 전임 상사와는 매우 협력적이고 우호적인 관계를 형성했었다. 자신의 역량을 충분히 발휘하고 성과를 창출하며 조직 내 탁월함을 인정받았다. 하지만 새로이 바뀐 리더와 신뢰관계를 형성하지 못하여 조직 내에서 중심부의 위치에서 밀려나거나 결국 탈락하게 된다는 것이다.

〈실제사례 #1〉

"김 팀장님은 전임 상사 A와는 일에 대한 철학 방식 등 많은 부분에서 공감을 얻고 일을 진행하였어요. 성과 또한 인정을 받았습니다. 하지만 새로 부임한 B 임원과의 관계를 소홀히 했습니다. B 임원이 업무 전반에 대해 그 전과는 다른 방식과 관점의 과제를 요구했어요. 김 팀장님은 기존의 자기가 인정받은 성공 방식만을 고수하다가 많은 질책과 도전을 받게 되었어요. 결과적으로 보직이 해임되고 새로운 팀장이 선임되었습니다." (A社, 남, 과장)

〈실제사례 #2〉

"이 팀장님은 상사와의 갈등이 존재하는 상황에서 이를 원만히 해결하지 못했어요. 이에 따른 소통 이슈가 지속됨에 따라 팀 내 문제해결이 지연되는 일들이 반복되었죠. A임원과 이 팀장 관계가 불편하자 팀원들은 눈치를 보기 시작했어요. 자연스레 팀 만족도와 업무 몰입도가 떨어지는 상황이 계속 발생했습니다. 이러한 상황이 연말까지 지속되면서 팀의 성과에 매우 악영향을 끼치게 되었습니다." (B社, 여, 대리)

리더가 성공하기 위해서는 '상사와의 관계'만 중요한 것이 아니다. 윗분과의 관계는 출발점일 뿐이다. 더 중요한 것은 실질적으로 일을 추진하고 성과를 만들어주는 '구성원과의 관계'다. 구성원에게는 '업무(과업)'만 밀어붙이면 될까? 관계는 어떻게 해야 할까?

과업(업무) 중심이냐, 관계(인간) 중심이냐

리더가 어떤 행위를 해야 바람직한 효과성이 나타나는지 연구하는 이론을 '행위론'이라고 한다. '행위론'에서는 리더십 스타일을 '구조주도(initiating structure)행위'와 '배려주도(consideration)행위'를 독립적으로 구분한다. '구조주도 행위'란 구성원 간의 직위와 역할을 규정하고 조직화하여 공식적 의사소통 채널을 설정하는 것이다. 즉, 집단의 과업을 추진하기 위한 '업무 중심' 활동을 말한다. 반면에 '배려 행위'란 리더가 구성원들에게 보여주는 쌍방의사소통, 의견수렴, 상호신뢰, 존중, 따뜻함 등의 범주에 속하는 리더의 행위를 의미한다. '구조주도'는 '과업 중심적' 행위이고 '배려'는 리더-구성원 간의 '관계 중심적' 행위라고 말할 수 있다.

어떤 리더가 가장 효과적인 결과를 가져왔을까? 연구결과는 높은 구조주도행위와 높은 배려행위를 동시에 보이는 리더인 것으로 나타났다. 구조주도(업무) 행위만 강조하면 조직은 건조해지고 구성원들은 정서적으로 지치게 된다. 반대로 배려주도(관계) 행위만 발휘하면 일의 성과를 만들기 어려워진다. 관계만 좋다고 일의 결과가 나타나는 것은 아니기 때문이다. 조직은 동호

회가 아니다.

많은 리더들이 구조주도(업무)에만 빠져있다. 말끝마다 '일', '목표', '성과'만 외친다. 구성원들의 '마음'과 '관계'는 살피지 않는다. 이런 리더는 단기적 성과는 만들 수 있을지 모르지만 오래 가지 못한다. 구성원들은 기계가 아니기 때문이다. 리더는 일의 성과를 위해 분명히 구조주도 행위를 해야 한다. 하지만 구성원과의 좋은 '관계'를 형성하지 못하는 리더는 고립되고 신뢰를 받지 못한다. 리더의 '배려' 행위 설문항목을 곱씹어 보기 바란다. 설문항목은 다음과 같다.

① 그(녀)와 이야기를 나누다보면 편안함을 느끼게 된다.

② 그(녀)는 친구처럼 대해주며 언제든지 만날 수 있게 해준다.

③ 그(녀)는 구성원들 각자의 개인적인 형편에까지도 신경을 쓴다.

④ 그(녀)는 제안을 받으면 그것을 실행에 옮긴다.

리더가 구성원과의 '관계'와 '신뢰' 위에 '과업'을 쌓지 못하면 마치 모래위에 집을 짓는 행위가 된다. 급한 마음에 '과업'만 추진하면 당장은 무언가 되는 것 같은 착각이 들 수 있다. 하지만 머지않아 스르르 내려앉는 '집(과업)'을 보게 될 것이다. 리더는 관계를 잘 챙기고 가꾸어야 한다.

'사람' vs '인간'

조직에 몸을 담고 있는 당신은 '사람'으로 존재하는가? 아니면 '인간'으로 존재하는가? '사람'과 '인간'은 비슷한 의미를 가지지만 중요한 차이가 있다. '사람'은 특정한 개인을 가리키지만, '인간(人間)'은 사회 속의 존재를 일컫는다. 한자 '人(인)'은 독립된 두 존재가 기대어 있는 형상이다. '間(간)'은 말 그대로 '사이'를 뜻한다. 기대어 선 두 존재가 사회적 관계를 맺어가는 것이 '인간(人間)'이라는 뜻이다.

이를 조직 경영에 적용해보면 어떤가? 조직 내 어떤 '인간'도 홀로 독자적으로 존재할 수 없다. 모든 구성원은 집단 속에서 대인관계를 맺으며 살아갈 수밖에 없다는 뜻이다. 조직 구성원은 누구나 '기댈 곳'이 필요하고, 누군가에게 '기댈 곳'이 되어 주어야 한다. 우리의 리더들은 이러한 사회적 특성을 잘 고려하고 있을까?

안타깝게도 한국 기업의 리더십 실패 요인으로 상당부분 '대인 관계' 요소가 주를 이루고 있을 뿐 아니라 빈도도 높게 나온다. 이는 개인주의적이고 성과중심적인 미국과 비교적 명확한 차이를 보이고 있다. 즉, 한국 기업의 경우 집단주의적이고 조직 가치를 중시하는 경향이 강하다. 상사와 부하 그리고 동료와의 관계 실패가 치명적인 탈락 요인으로 작용하고 있는 것이다. 성과만이 정답은 아니다.

윗사람을 늘 존중하고, 상사가 성과를 내는데 후원적 행동을 적극적으로 해야 한다. 동료와는 신의와 존중을 바탕으로 협력하고 소통하며, 조화를 이루어야 한다. 하급자에게는 관용을 베풀며 희생하고 보호해주고 키워주려는 마음을 가져야 한다. 리더는 어떤 상황에서도 상하좌우 우호적인 관계형성에 힘써야 한다. 올바른 관계형성이 곧 리더십 성공과 실패를 가르는 결정적인 요소가 되기 때문이다.

좋은 삶은 오직 좋은 관계

심리학자들은 인간의 행복에 대한 많은 연구를 해왔다. 오랜 연구 끝에 '무엇이 좋은 삶인가'에 대한 답을 얻었는데 그 핵심이 '친밀한 인간관계'의 '빈도'와 '질'이라는 것이다. 이 결과를 리더십에도 적용해보면 어떨까? 결국 조직생활은 상사와 동료, 구성원과의 '인간관계'가 전부다. '좋은 삶은 오직 좋은 관계'에서 나오듯이 '좋은 조직 또한 좋은 관계'에서 비롯되는 것은 아닐까? 좋은 리더십을 위해서는 구성원과의 '친밀한 관계'의 빈도와 질을 생각해 볼 때다.

간격과 간격이 모여 숲을 이룬다

숲을 멀리서 바라보고 있을 때는 나무와 나무가 모여 그저 숲을 이루는 줄 안다. 하지만 산 속 숲에 직접 들어가 보면 나무와 나무 사이 넓거나 좁은 '간격'이 있다는 것을 알게 된다. 그 '간격'과 '간격'이 모여 울창한 숲을 이룬다. 조직이라는 숲을 이루고 있는 사람과 사람. 그 사이에 간격이 있고, 그 간격은 '관계'로 이루어져 있다. 리더십이 병들지 않으려면 사람과 사람 사이, 그 사이의 '관계'를 잘 살펴보아야 한다. '관계'를 무시하면 리더 자신과 조직이라는 숲은 병이 든다.

혼자서 일하면 병이 든다

'金상무'가 '金대리'로 불리는 이유

대부분의 리더는 초기 특정 분야의 전문성과 탁월한 성과를 인정받아 리더의 위치에 오른다. 리더는 높은 위치로 올라갈수록 세부적인 일은 권한위임을 통해 구성원들이 잘 수행할 수 있도록 지원해야 한다. 리더 자신은 조직 차원에서 보다 폭 넓은 시각을 갖추어야 한다. 위임과 지원, 폭 넓은 시각. 이러한 리더의 역할을 기대 받지만 많은 리더들이 여전히 과거 친숙한 자신만의 역할에 머물러 있는 경우가 많다. 실무자 시절처럼 혼자서 열심히 일한다. 적절한 위임도 없이 시시콜콜 간섭하는 것도 빼먹지 않는다. 그래서 구성원들은 자신의 상사를 몰래 '金대리'라고 부른다.

조직에는 여러 가지 역할이 필요하다.

조직(팀)을 운영하는 데는 다양한 역할들이 필요하다. 스포츠 팀을 보면 이러한 역할의 구분은 너무 쉽게 나타난다. 공격수만 있는 축구팀이 있는가? 투수만 있는 야구팀은 또 어떤가? 리더는 자신이 혼자서 일을 하는 것이 아니라 여러 가지 역할을 해야 하는 구성원들과 함께 성과달성을 향해 가는 배의 선장과 같다. 선장이 혼자서만 일을 한다면 배가 어디로 가겠는가? 배에는 기관실, 조타실, 객실 등 여러 역할과 기능이 필요하고, 이 모든 역할이 조화를 이루어야 한다. 조직(팀) 운영에 필요한 9가지 역할들을 소개한다.

① **창안자** : 창의적 아이디어를 제공하는 역할

② **후원자** : 제안된 아이디어를 후원하는 역할

③ **분석가** : 대안에 대해 예리한 분석을 제공하는 역할

④ **조직책** : 팀원들의 임무를 조직화하는 역할

⑤ **프로듀서** : 방향을 제시하고 실천과정을 관리하는 역할

⑥ **통제관**: 세부사항을 체크하고 규칙을 집행하는 역할

⑦ **수호자**: 외부공격으로부터 조직(팀)을 지키는 역할

⑧ **참모역**: 적절한 정보를 제공하는 역할

⑨ **조정관**: 조정과 통합을 담당하는 역할

리더는 이와 같은 구성원들의 역할을 이해하고, 잘 조합하여 목표를 향해 함께 가야한다. 리더 혼자 앞으로 달려가면 구성원들은 방향성도 모르고 각자 일을 한다. 어느 순간 뒤를 돌아보면 따라오는 구성원이 아무도 없다는 것을 알게 된다. 조직(팀)은 방향성을 잃고, 구성원들은 서로 손가락질 하느라 바쁘다. 리더가 혼자만 달려가면 조직이 망가지는 이유가 여기에 있다. 자신만 잘난 리더, 독불장군 리더, 구성원들을 무시하는 리더가 이런 함정에 자주 빠지게 된다. 조직(팀)은 어디 있는지 모르고 혼자만 허허벌판에 덩그러니 서있는 형국이 된다. 이런 리더와는 달리 구성원들과 함께 목표를 향해 나가는 멋진 리더의 사례를 살펴보자.

〈실제사례 #1〉

슈퍼셀 CEO 일카 파나넨의 '미니멀리즘 리더십'

청소년들이 가장 많이 즐기는 게임 중 하나가 '슈퍼셀'의 '브롤 스타즈'라고 한다. 모바일 게임으로 유명한 이 기업 '슈퍼셀'의 공동 창업자이자 최고경영자(CEO)는 '일카 파나넨'다. 그는 '미니멀리즘 리더십'의 대표 주자다.

그는 창업 이후 줄곧 '내 목표는 세계에서 가장 권력이 적은 CEO가 되는 것'이라고 말해왔다. 그의 또 다른 목표는 '직원들을 CEO처럼 생각하게 가르치는 것'이다. 최종 책임자인 CEO는 자신이 모든 것을 가장 잘 알고 있다고 착각할 수 있다. 물론 중요한 전략적 결정은 CEO의 영역이다. 그러나 그 밖의 문제들은 그 문제와 가장 가까운 직원들이 결정을 내리는 것이 가장 좋을 때가 많다.

이런 결정을 리더가 대신 내리면 직원들이 학습하고 성장할 기회를 빼앗는 것이나 다름없다. 물론 CEO가 한발 물러서 있기는 쉽지 않은 일이다. 직원들이 고민하거나 잘못된 결정을 내리려고 할 때마다 입이 근질거릴 것이다. 하지만 이런 과정을 통해 직원들이 스스로 생각할 수 있게 되면 CEO에 대한 의존이 줄고 더욱 도전적인 자세를 갖게 된다. 권한을 넘겨받은 직원들은 더 능동적이고 책임감 있게 일할 뿐만 아니라 누가 어떤 주장을 하든 최선의 의견에 동의할 가능성이 높아진다.

세계적인 모바일 게임 기업 '슈퍼셀'의 CEO '일카 파나넨'은 결코 혼자 모든 것을 하려고 하지 않는다. 오히려 직원들이 스스로 생각하고 도전적인 자세를 갖도록 독려한다. 이런 리더가 이끄는 조직에서는 직원들이 보다 능동적이고 책임감 있게 일에 동참하게 된다. 구성원들은 자신들을 리더의 부속품이 아니라 함께 움직이는 파트너로 인식할 확률이 높다. 리더의 '미니멀리즘 리더십'은 파나넨의 바람대로 '구성원들을 주인으로 만드는 비법'인지도 모른다.

〈실제사례 #2〉

엔비디아 CEO 젠슨 황의 '소통 경영'

4차 산업과 AI시대 반도체 시장에서 가장 주목받는 기업 엔비디아의 '젠슨 황' CEO의 '소통 경영'에 대해 알아보자. 젠슨 황의 격의 없는 소통 행보는 언론사 기자들 사이에서 유명하다. 이런 행보는 홍보 분야에서만 무기가 되는 건 아니다. 사내에서는 더 빛을 발한다.

엔비디아 사옥에서 분기별로 한 번씩 열리는 황 CEO와의 대담에는 수백 명의 직원들이 자발적으로 참석한다. CEO와 끝장 토론을 하듯 송곳 질문들이 오간다고 한다. 직원의 불만과 궁금증이 가실 때까지 대화가 끝나는 법이 없는 이 대담은 길게는 4~5시간씩 이어진다.

황 CEO는 아무리 일정이 바빠도 이 대담을 거르는 법이 없다. 엔비디아 직원들은 회사에 대한 잡다한 불만 없이 일에 집중할 수 있는 가장 큰 이유가 '구성원과 함께 하려는 CEO의 소통'이라고 한다. 세계에서 가장 잘 나가는 황 CEO라면 얼마든지 독선적으로 조직을 이끌 수 있다. 하지만 구성원들과 소통을 놓지 않고 직접 그 속으로 들어가는 이유는 무엇일까?

황 CEO는 '기술 혁신은 우수 인재에서 비롯된다는 것'이라는 강한 신념을 가지고 있다. 엔비디아 전체 직원 2만6000여 명 중 75%에 해당하는 2만여 명이 연구·개발(R&D) 인력이다. 지난 2008년 글로벌 금융위기 당시 파산 위기에 처했을 때는 본인의 연봉을 1달러로 삭감해 아낀 돈으로 인재를 영입한 이야기는 업계에서 유명하다. 그만큼 인재에 대해 진심이라는 이야기다.

최근 가장 영향력 있는 엔비디아 젠슨 황 CEO 뿐만 아니라 세계적인 모바일 게임 기업 슈퍼셀 CEO. 이들은 리더 개인이 매우 탁월한 역량을 가지고 있음에도 불구하고 늘 구성원들과 함께 일을 한다. 높은 산에 독야청청한 한그루 소나무가 아니라 구성원들과 함께 울창하게 숲을 이루려고 노력하는 모습이다.

구성원과 함께 멋진 숲을 이루는 사람

커다란 나무 한 그루만 덩그러니 서 있는 숲은 없다. 숲에 있는 나무들이 제가끔 서 있는 것처럼 보이지만 서로 서로 연결되어 있다. 숲을 이루는 것은 나무만이 아니다. 수많은 동물, 식물, 곤충, 심지어 눈에 보이지 않는 박테리아까지 모두가 영향을 주고 받으며 생태계를 이룬다. 하지만 어쩌면 우리는 회사와 조직이라는 메마른 땅에 '연결 없이' 제가끔 서 있는지도 모른다. 리더가 혼자 일하는 조직은 더욱 그러할 것이다.

진정한 리더는 혼자 일하지 않는다. 훌륭한 리더는 나무 하나하나에 관심을 갖고 서로의 역할을 존중하고 '연결 되어' 산을 가꾸는 사람이다. 그런 리더가 만든 조직은 머지않아 푸르른 숲을 이루게 된다. 명심하라. 리더는 자신의 성공이 아니라 구성원과 함께 멋진 숲을 이루는 사람이라는 것을.

빠르게 성공하면 병이 든다

인생삼불행(人生三不幸)

중국학자 정이는 남들이 부러워하는 행복이 오히려 불행이 될 수 있다며, 인생삼불행(人生三不幸)을 말했다.

少年登科 席父兄弟之勢 有高才能文章
소년등과 석부형제지세 유고재능문장

'소년등과'는 출세가 빠르면 거만하게 되어 인생이 불행해질 수 있다는 것이고, '석부형제지세'는 대단한 부모형제를 만나면 그들만 믿고 오만해지는 것이 불행이 된다는 말이다. '유고재능 문장'은 재주와 능력을 믿고 안일함에 빠질 수 있음을 지적한다.

리더십 연구에서도 '인생삼불행'과 같은 현상이 발견된다. 탁월한 역량과 뛰어난 성과를 발휘하여 리더 위치에 오른 사람이 기대했던 것만큼 충분히 기여하지 못하고 중도에 탈락하는 경우가 빈번하다. 이는 개인 및 조직차원에서 매우 큰 손실이 아닐 수 없다. 문제는 이러한 리더십탈락 요인이 조직 내에서 '빠르게 성장한 리더'에게 특히 더 많이 발견된다는 점이다.

부정적 순환 고리의 출발점, 빠른 성공

리더가 실패하게 되는 과정을 추적해보면 '부정적 순환 고리'를 발견하게 된다. 부정적 순환 고리의 출발점은 다름 아닌 '빠른 성공, 지속적 성공'이다. 조직 내에서 빨리 성공한 리더는 자기과신 성향에 빠지기 쉽다. 이로 인해 더 이상 다른 사람으로부터 피드백을 받거나 들으려 하지 않는다. 결국 변화의 실패로 인해 탈락에 이르게 된다. '부정적 순환 고리'는 위에서 언급한 인생삼불행(人生三不幸)의 핵심 키워드와 연결되어 있다. 빠른 출세에 따른 '거만' → 잘난 집안(조직)에 대한 '오만' → 성공한 이력을 믿는 '안일함'이다.

빠르게 성장한 리더가 조직을 망하게 하는 이유

빠르게 성장한 리더가 조직을 망하게 하는 이유는 아래와 같이 다양하게 나타난다.

① **경험부족** : 빠르게 성장한 리더는 충분한 경험을 쌓지 못한 상태에서 리더십 역할을 맡게 된다. 이로 인해 문제 해결 능력, 의사 결정력, 팀 관리 등에 어려움을 겪을 수 있다.

② **자만심** : 빠르게 성장한 리더는 자신의 성과에 대한 자만심에 사로잡힐 수 있다. 이로 인해 다른 사람들의 의견을 경시하거나 무시할 수 있으며, 팀의 협력과 협업을 방해할 수 있다.

③ **부족한 리더십 역량** : 빠르게 성장한 리더는 리더십 역량을 충분히 개발하지 못한 상태에서 리더십 역할을 맡게 된다. 이로 인해 팀원들을 동기부여하고 지도하는 능력이 부족할 수 있다.

④ **변화에 대한 저항** : 빠르게 성장한 리더는 변화에 대한 저항을 보일 수 있다. 기존의 성공 경험에 집착하거나 새로운 아이디어나 접근법을 받아들이지 않기 때문이다.

⑤ **소통부족** : 빠르게 성장한 리더는 소통 능력이 부족할 수 있다. 팀원들과의 원활한 소통과 피드백이 이루어지지 않으면 팀의

협력과 성과에 부정적인 영향을 미치게 된다.

빠르게 성장한 리더 일수록 자신의 강점과 약점을 인식하고, 지속적인 학습과 발전을 통해 리더십 역량을 강화해야 한다. 또한, 다른 사람들의 의견을 존중하고 소통하며, 변화에 대한 유연성을 갖추는 것이 중요하다.

큰 그릇은 늦게 이루어진다.

대기만성(大器晚成). '큰 그릇은 늦게 이루어진다'는 뜻이다. 큰 그릇을 만드는 데는 오랜 시간이 걸리며, 큰 그릇이 되기 위해서는 많은 노력을 쏟아야 한다. '대기만성' 앞에 '절차탁마'를 붙이면 뜻이 더 분명해진다. 절차탁마 대기만성(切磋琢磨 大器晚成)! '절차탁마'는 '골각(骨角) 또는 옥석(玉石)을 자르고 갈고 쪼고 닦는다'는 뜻으로(切-뼈를 자르듯, 磋-상아를 깎는 듯, 琢-옥을 쪼는 듯, 磨-돌을 가는 듯), 부단히 자신을 가다듬어야 한다는 의미다.

리더가 큰 그릇이 되기 위해서는 '옥석(玉石)을 자르고 갈고 쪼고 닦는' 시간이 필요하다. 실패하고 실수하면서 스스로를 돌아보게 된다. 여러 가지 어려움을 겪으면서 스스로 다듬어진다. 또한 그런 처지에 있는 구성원들의 마음을 헤아리고 보듬을 수 있게 된다.

명심하라. '빠른' 성공이 '바른' 성공은 아니다.

단기성과에 집착하면 병이 든다

조직의 조급증, 단기성과 집착

모그룹 부회장이 회장으로 취임했다. 회장으로서 어떤 화두를 던졌을까? 구성원들은 어떤 취임사를 기대했을까? 그룹회장이 제시한 내용은 '어려운 경영상황을 돌파할 비전제시'도 아니었고, '위기극복을 위한 한마음 갖기'나 '성장을 통한 자부심'도 아니었다. 그는 '성과가 낮은 사업부 책임자는 연내에라도 수시인사를 하겠다'고 강조했다. 시장상황이 어렵고 앞이 보이지 않는 경영환경을 부인할 수는 없다. 하지만 성과가 낮으면 정기 인사 때까지 기다리지 않고 조직장을 바로 교체하겠다는 데에서 조직의 '조급함'이 느껴진다.

당신이 해당기업의 임원이라면 어떤 마음이 들겠는가? 중장기 관점에서 회사의 발전을 위해 큰 그림을 그릴 수 있을까? 아니면 언제든지 그만둘 수 있다는 마음으로 단기성과에 조바심을 가지겠는가? 리더가 단기성과에 집착하는 행동은 위의 사례처럼 조직 내 인사평가 기준에 의한 압박일 수도 있으나, 리더의 개인적인 성향 문제인 경우도 많다. 이러한 단기성과에 대한 지나친 집착은 조직의 장기성과가 아니라 (살아남기 위한) 사적인 목적 달성 중심으로 변질될 가능성이 크다.

단기성과에 집착하면 생기는 병

리더가 단기성과에 집착하면 조직에 다음과 같은 문제가 발생할 수 있다.

① **전략의 부재** : 리더가 단기성과에만 집중하면 장기적인 전략과 비전의 부재로 이어진다. 이로 인해 조직은 방향성을 잃고 목표 달성에 어려움을 겪게 된다.

② **심한 압박과 스트레스** : 리더가 단기성과를 강조하면 직원들은 과도한 압박과 스트레스를 받게 된다. 이로 인해 직원들은

업무 효율성과 업무 만족도 저하를 겪게 된다.

③ **과도한 위험 회피** : 단기성과를 달성하기 위해 조직은 위험을 회피하려는 성향을 보이게 된다. 새로운 도전과 혁신을 멀리하고 현재의 안정에만 집중하게 되어 조직의 성장과 발전을 저해할 수 있다.

④ **부정행위 및 비리** : 단기적인 성과를 달성하기 위해 부정행위나 비리를 저지르는 경우가 발생할 수 있다. 이는 조직의 신뢰와 평판을 훼손시키고 법적인 문제까지 야기할 수 있다.

⑤ **혁신과 창의성의 저하** : 단기성과에만 집중하면 혁신과 창의성을 추구하는 문화가 위축될 수 있다. 이는 조직의 성장과 발전에 제약을 가하게 된다.

⑥ **인재 유치와 유지의 어려움** : 단기성과에만 집중하는 조직은 인재 유치와 유지에 어려움을 겪게 된다. 인재들은 장기적인 비전과 성장 기회를 중요시하기 때문이다.

사업은 단거리 경주가 아니다

조직에서 개인에게 주어지는 과업은 호흡이 짧은 것도 있고, 긴 호흡을 요구하는 것도 있다. 하지만 개인이 아니라 팀이나 사업부 관점에서 보면 대부분 과업은 중·장거리 경주다. 단거리 경주와 중·장거리 경주의 차이점은 무엇일까?

성과관리를 가족여행 준비로 적용해 보자. 갑자기 일이 생겨서 1주일 뒤에 여행을 가게 되는 경우와 6개월 뒤에 해외여행을 가는 경우다. 1주일 뒤에 해외여행을 떠나게 되면 당장에 필요한 여행 용품을 챙기는데 정신이 없다. 여권, 옷가지, 세면도구, 의약품 등이다. 준비시간이 부족하니 마음이 분주하다. 서로의 마음을 챙길 시간도 없다. 날씨도 잘 모르고 충분한 계획도 세우지 못해 길만 헤매다 온다. 여행의 목적을 상실한 채 일정만 겨우 소화한 느낌이다. 비싼 비용을 들여서 간 해외여행이 피곤하기만 하다.

하지만 6개월 뒤에 해외여행을 준비하고 있다면 이야기가 달라진다. 가족들과 충분한 이야기를 나눌 수 있다. 여행의 목적, 여행지 정보, 역사공부, 가족들 개인별 옷가지와 용품까지 차근차근 챙기게 된다. 가족들 취향을 고려한 여행 장소와 경로도 준비할 수 있다. 여행의 목적은 가족 간 행복한 경험과 추억을 만드는 것이기 때문이다.

사업과 조직운영도 마찬가지다. 리더가 중·장거리 관점을 갖지 못하면 구성원에게 단기실적만을 채근하게 된다. 직원들은 조급해지고 시야가 좁아진다. 당장에 해야 하는 일에만 집중한다. 일의 목적과 방향을 상실하게 되는 것은 당연한 일일지 모른다.

리더는 항상 중·장기적 관점을 가져야 한다. 그래야 구성원들과 충분한 이야기를 나눌 수 있고, 일의 목적과 방향을 잃지 않게 된다. 구성원들의 단기성과를 함께 확인할 수는 있으나 이는 사업의 성과를 만들기 위한 과정일 뿐이다. 단기성과 지표를 통해 구성원의 위치를 알려주되 더 나은 성과와 성장을 위한 도구로 활용해야 한다.

야구에서 아무리 뛰어난 타자도 3할 대를 넘지 못한다. 10번 타석에 3번 안타를 친다는 이야기다. 감독이 단기성과에 집착하면 7번 아웃된 것을 나무라고 공격하게 된다. 야구선수의 타율 관리는 팀의 승리와 선수 성장이 목적이다. 구성원의 단기성과도 같은 관점에서 접근해야 한다. 그래야 구성원이 길을 잃지 않고 지속적인 성장을 할 수 있다.

단기적 성과 집착, 결국 조직을 망치는 원인

실패한 리더에게 공통적으로 많이 발견되는 성향이 '성과에 대한 지나친 집착'이다. 성과에 대한 집착은 장기적 관점에서 '올바른 것'을 하기 보다는 단기적으로 '필요한 것'을 선택하게 한다. 이 과정에서 적법한 절차와 규정을 어기기도 하고, 많은 사람과 조직의 피해를 요구하는 일들이 발생하기도 한다. 또한 구성원의 자발적인 참여를 유도하기 보다는 단기적인 결과를 위해 강압과 권위에 의한 일방적 지시를 하는 경우가 많다. 성과에 대한 압박과 스트레스 상황이 높아질수록 리더의 파괴적이고 공격적인 행동이 나타날 가능성이 크다. 이와 같이 단기적 성과에 대한 지나친 집착은 결국 조직을 망치는 원인으로 작동하게 된다.

A회사의 경우, 임원에 대한 인센티브를 이원화하여 운영하기도 한다. 단기성과 인센티브(STI : short-term incentive)와 장기성과 인센티브(LTI : long-term incentive)를 종합하여 지급한다. 당해 연도 실적만 보는 것이 아니고, 2~3년간 성과도 평가에 반영하는 것이다. 사업의 중장기적 관점을 갖도록 유도하는 제도이다.

리더는 단기성과와 장기적인 비전 및 가치를 균형 있게 고려하는 것이 중요하다. 단기적인 목표 달성과 동시에 조직의 장기적인 성장과 발전을 위한 전략을 수립하고 실행해야 한다. 분명 단기성과는 조직의 생존과 발전에 중요한 역할을 한다. 그러나 지속 가능한 경영을 하기 위해서는 장기적인 전략과 균형을 유지하며 조직의 건강과 성장을 동시에 추구하는 것이 더욱 중요하다.

명심하라! 리더의 단기적 성과 집착은 결국 조직을 망치는 원인이 된다는 것을.

아는 사람만 쓰면 병이 든다

끼리끼리 구성한 팀, 결국 조직을 망친다.

국내 기업의 실패한 리더에게서 나타나는 특성 중 하나가 '자신의 성향에 맞는 사람으로만 조직을 구성'하는 것이다. 객관적인 기준보다는 개인의 선호에 따라 조직을 구성하거나 평가하는 성향이다. 리더의 이런 행동은 다양한 특성과 역량을 가진 유능한 인재의 유입을 막는다. 또한 조직 내 구성원 간 협력을 통한 시너지 보다는 갈등 관계를 조성한다. 당연히 지속적인 성과를 창출하는데 어려움을 겪고 결국 자신 뿐 아니라 조직(팀)이 망가지는 우를 범하게 된다.

이러한 리더는 조직 내 구성원들을 활용하는 데에도 편향적인 행동을 나타낸다. 특정 부하에게만 중요 정보를 공유하고 의미 있는 과제를 부여하는 등 전체 조직관점에서의 인력활용에 실패하는 경우다. '편향적 인력선호 활용'으로 인한 문제 사례를 보도록 하자.

〈실제사례 #1〉

"A팀장님은 업무를 추진함에 있어 사람을 보는 시각이 편협적인 면이 강했습니다. 일례로 일을 추진하기 위한 조직구성에 있어 업무의 적합성 보다는 본인의 의사를 관철하고 챙겨줄 수 있는 구성원으로만 팀을 조직하는 경향이 강했습니다. 본인과 의견을 달리하는 구성원과 동료와는 적극적인 소통을 하지 않았습니다. 결국 A팀장님은 자신의 팀 외에는 심리적으로 고립되기 시작했습니다. 일이 잘 추진될 수가 없겠죠." (C社, 여, 과장)

〈실제사례 #2〉

"B 상무는 직원이 아무리 유능하더라도 본인과 코드가 맞지 않으면 모두 타 부서로 이동시켜 버리는 경우가 많았습니다. 상무님과 다른 의견을 이야기 할 수도 없고, 그 분의 코드만 맞추어서 일을 해야만 했습니다. 저희들 의견은 말할 수 없죠. 다른 생각은 틀린 생각이라고 하시니까요." (D社, 남, 차장)

'집단사고', 미국 역사상 가장 어처구니없는 패배

리더가 자신의 코드만 맞는 사람들로 조직을 구성하고 다른 목소리를 배척하기 시작하면 조직은 '집단사고'에 빠지게 된다. 집단사고는 집단 구성원들 간의 잘못된 의견일치 추구성향을 뜻한다. 집단사고에 빠진 구성원들은 자신이 속한 집단이 최고라는 착각에 빠지게 된다. 다른 집단에 대해 배타적 아집을 가지고 자기 집단 내부적으로는 구성원들 간에 의견이 일치되어 있다는 착각을 보이게 된다.

미국 역사상 어처구니없는 패배로 기록되는 '피그만 침공 사건'은 집단사고의 대표 사례이다. 피그만(The bay of pigs) 침공이란 미국이 쿠바의 공산정권에 보복하기 위해 미국의 중앙정보국인 CIA를 주축으로 쿠바의 망명자들로 구성된 '2506 공격 여단'을 창립한 후 쿠바의 피그만을 침공한 사건이다. 그러나 피그만 침공은 완벽하게 실패하여 불과 사흘 만에 백 명 이상이 사망했으며, 천명 이상이 쿠바의 포로로 잡히게 됐다. 미국 최고의 행정부와 국방부 요원들이 모여 결정한 작전이 대참패한 이유는 무엇일까? 바로 집단사고다.

끼리끼리 모인 조직, 집단실패 전조증상

'레밍 효과'에 대해 들어본 적이 있는가? 아무 생각 없이 남들이 하는 행태를 그대로 따라하는 집단행동 현상을 '레밍 효과' 혹은 '레밍 신드롬(lemming syndrome)'이라고 한다. 특히 무리의 리더가 하는 대로 '비판적 의식 없이' 맹목적으로 따라 하는 집단적 편승효과를 가리키는 말이다.

레밍은 북유럽 스칸디나비아 반도에 사는 설치류의 일종으로 '나그네 쥐'라고도 불린다. 이들은 번식력이 워낙 좋아 개체 수가 급속히 빨리 증가하는데, 그렇기 때문에 서식할 다른 땅을 찾아 부단히 이동한다.

문제는 이들이 집단이동을 할 때, 그저 맨 앞의 리더만 보고 따라간다는 사실이다. 그러다 리더가 잘못 방향을 잡아 호수나 바다에 빠져 죽는 경우가 적지 않다고 한다. 이를 '집단자살'로 보면서 '레밍 신드롬'이라는 말이 나왔다.

레밍효과는 리더와 그를 무작정 따르는 무리들의 자기 판단 능력에 경각심을 불러일으킨다. 이 무리에서 단 한명이라도 의식이 깨어 있다면, 대오를 이탈해야 산다는 인식과 결단력을 가지고 있다면 그런 극단적인 결과를 가져오지는 않을 것이란 얘기다. 리더가 '자신의 성향에 맞는 사람 중심으로만 조직을 구성'하고, '자신의 목소리만 진리인양' 떠들기 시작하면 조직(팀)은 반드시 병이 생긴다. 조직은 집단사고에 빠지게 되고, 자신들의 이익만을 추구하는 '사일로 현상'까지 생기게 된다.

조직을 죽이는 사일로와 부분 최적화 현상

'사일로(silo)'는 곡식을 저장해두는 큰 탑 모양의 창고를 말한다. 기업에서 조직의 각 부서들이 사일로처럼 서로 다른 부서와 담을 쌓고, 자기 부서의 이익만 추구하는 현상을 일컫는다. 자기 부서의 실적과 이익에만 몰두하다보니 서로간의 의사소통이 이루어지지 않는다. 이로 인해 개별 부서의 효율은 커지는데 회사 전체의 경쟁력을 잃어버리는 결과를 초래한다. 경영학에서는 이 것을 '부분 최적화 현상'이라고 한다.

'부분 최적화'는 각 부서가 자신의 목표를 달성하기 위해 최선을 다하지만, 이로 인해 다른 부서와의 협력이 부족하거나, 전체적인 목표와 맞지 않는 결과를 초래하게 만든다. 예를 들어, 생산 부서가 생산성을 높이기 위해 함부로 인력을 늘리는 것이 부분 최적화일 수 있다. 하지만 이로 인해 다른 부서에서의 인력 부족이 발생하거나, 생산성이 높아져도 판매량이 따라오지 않아 재고가 쌓이는 등 문제가 발생하면 결국 조직 전체의 악영향을 초래하게 된다.

아는 사람만 쓰는 리더는 조직을 집단사고에 빠지게 하고, 자신들의 이익만을 추구하는 '사일로 현상'까지 만든다. 결국 자신의 조직은 '부분 최적화'될 수 있지만 조직 전체를 망가뜨리는 우를 범하게 되는 것이다.

차별과 혐오까지 낳는 '선택적 공감'

'공감'은 다른 대상이 느끼는 감정과 처한 상황을 이해하려는 심리적 현상이다. 남의 마음을 나의 마음으로 짚어보는 것이 바로 공감이다. 공감 능력이 부족하거나 발달되지 않은 사람을 반(反)사회적 성격자로 간주한다. 조직에서도 흔히 볼 수 있는 '공감 능력 결핍자'이다. 공감은 조직생활에서 필수 요소지만 부정적인 측면도 있다.

공감이 타인의 마음을 헤아리고 이해하려는 순수성을 넘어서는 경우다. 자칫 '편향적'이거나 '선택적'일 수 있다는 점은 경계해야 한다. 나와 더 가까운 사람, 나와 동일하거나 유사한 정체성을 갖춘 집단에 더 공감한다는 것이다. 먼 나라에서 발생한 전쟁에서 많은 이들이 죽었다는 소식보다 자신의 가족이 다쳤다는 소식을 더 아프다고 느끼는 것과 같다.

이와 같이 편향적 공감은 편 가르기로 악용될 수도 있다. 내가 속한 집단에 대해선 과하게 공감하면서 반대편을 혐오하고 비난하는 사건이 흔하게 일어나게 된다. 인종 차별이나 외국인 차별도 공감의 편향적 속성 때문에 발생하는 것이다. '선택적 공감' 때문에 혐오가 발생하는 아이러니한 상황이다.

리더가 자기편인 '아는 사람'만 쓰게 되면 편향된 '선택적 공감'을 하게 된다. 자신의 조직 구성원에게만 '무분별적 공감'을 하게 되고 다른 조직 구성원에게는 '차별'과 '혐오'의 발언을 서슴지 않게 된다. 당연히 조직 전체적으로는 분열이 발생하고 갈등이 멈추지 않게 된다. 조직이 건강해지기 위해서는 '타자 지향적 공감' 능력이 요구된다.

명심하라. 아는 사람만 쓰는 리더는 결국 조직 전체를 망치게 하는 주범이 될 수 있다는 것을.

변화를 두려워하면 병이 든다

어지러운 환경변화, VUCA 시대

리더가 어려운 이유는 환경이 늘 변한다는 것이다. 조직 내부뿐 아니라 외부환경은 말할 것도 없다. 작금의 시대를 '뷰카(VUCA)'라고 한다. 변동적이고 복잡하며 불확실하고 모호한 사회 환경을 말한다. 변동성(Volatility), 불확실성(Uncertainty), 복잡성(Complexity), 모호성(Ambiguity)의 약자다. 상황이 제대로 파악되지 않아 즉각적이고 유동적인 대응 태세와 경각심이 요구되는 상황을 나타내는 군사용어로 사용됐다. 이후 상황이 빠르게 바뀌는 현대 사회 및 불안정한 금융시장과 고용시장 상황을 표현하는 용어로 사용돼 왔다.

　실패하는 리더 특성 중 '상황이나 환경이 변화하더라도 기존 방식을 바꾸는 것을 꺼려하고 새로운 스킬을 학습하는데 소극적인 모습으로 일관하는 태도'를 많이 볼 수 있다. 과거의 성과와 업적에 만족하고 안주하거나 새로운 전략적인 변화를 인지하지 못하는 경우 주로 발견된다. 결국 이러한 리더는 스스로 변화를 주도하지 못하기 때문에 외부 변화요구에 의해 실패를 경험하게 된다. 이런 리더가 이끄는 조직의 유능한 직원들은 '수동적이고 새로운 변화가 없는 리더'에 적응하지 못하고 조직을 떠나게 된다. 조직에 남은 구성원들도 시간이 지남에 따라 조직과 함께 점차 퇴보하여 결국 전체 조직이 심각한 위기에 직면하게 된다.

이대로 그대로, 경로의존성

　'경로의존성(path dependence)'은 과거에 형성된 관행이나 제도, 규격, 제품 등에 익숙해져 이에 의존한 탓에 시간이 지난 후 이것이 비효율적인 것으로 밝혀지거나 변화의 필요성이 제기되었을 때에도 벗어나지 못하게 되는 사회경제적 현상을 말한다.

　왜 영국·일본·호주·뉴질랜드 등에서는 좌측통행하고, 다른 나라에서는 우측통행하는가? 왜 미국·미얀마·라이베리아만 미터법

도량형 체계를 따르지 않는가? 세계 각국의 정격전압이 통일되어 있지 않고 110볼트, 220볼트 등으로 제각각인 까닭은 무엇인가? 일본 정부와 기업은 왜 날인(捺印) 관행을 고수하는가? 이 질문에 대한 답은 '경로의존성'에 있다. 국가나 사회만 경로의존성이 있는 것이 아니다. 상황이나 환경이 변했음에도 불구하고 기존 방식을 바꾸는 것을 꺼려하는 리더, 새로운 스킬을 학습하는 데 소극적인 모습으로 일관하는 리더를 얼마든지 볼 수 있다. 리더가 변화를 두려워하면 구체적으로 어떤 문제가 생기게 될까?

리더가 변화를 두려워하게 되면 나타나는 현상들

리더가 변화를 두려워하면 나타나게 되는 주요 현상들을 주목해서 보기 바란다.

① **혁신의 부재** : 두려움으로 인해 리더가 변화를 꺼리면 조직은 새로운 아이디어와 혁신을 놓칠 수 있다.

② **경쟁력 저하** : 변화를 받아들이지 않는 리더는 조직의 경쟁력을 저하시킨다. 경쟁자는 이미 변화에 민첩하게 대응하며 발전하고 있기 때문이다.

③ **직원 불만** : 변화에 대한 리더의 두려움은 직원들에게 불안감을 준다. 변화에 대한 불확실성과 조직의 미래에 대해 조직원

들은 불안감을 느끼기 때문이다.

④ **인재 이탈** : 변화에 대한 두려움으로 인해 조직은 인재를 잃게 된다. 인재들은 변화와 혁신에 대한 도전과 성장을 추구하기 때문에, 변화를 주저하는 조직에서는 인재들이 이탈할 가능성이 높아진다.

⑤ **조직문화 저하** : 변화에 대한 두려움은 조직 문화에도 영향을 미치게 된다. 두려움으로 인해 조직 내 의사소통이 저하되고, 협업과 창의성이 억제될 수 있다.

리더는 변화를 받아들이고 주도적으로 이끌어 나가는 역할을 해야 한다. 변화에 대한 두려움을 극복하고 조직 내에서 긍정적인 변화를 이끌어내는 것이 중요하다.

지우개와 언러닝(unlearning)

이러한 변화를 막는 주범은 다름 아닌 과거의 성과와 업적에 대한 만족, 현실에 안주하고 싶은 마음이다. 이런 마음을 가진 리더에게 선물해야 할 필기구가 '지우개 달린 연필'이다. 한번 쓰면 지울 수 없는 볼펜이 아니라 '지금까지 해온 것'을 수정할 수 있는 마음의 필기구가 필요하다. 물론 리더의 나침반이 될 수 있는 원칙과 소신은 볼펜으로 써야 한다. 쉽게 변하면 안 되기 때문이다. 하지만 일을 추진하는 방법과 방식에는 '변화'에 열려 있어야 한다. '지금까지 배우고 믿어온 것'을 지우기만 해도 혁신이 시작될 수 있기 때문이다.

'지우개 달린 연필'을 가지고 리더가 배워야 할 학습이 '언러닝(unlearning)'이다. '언러닝'은 기존의 지식이나 믿음, 행동 방식을 고의로 잊어버리고 새롭고 더 나은 방식을 배우고 도입하는 행동을 말한다. 자신의 것을 버리고 겸손한 마음으로 구성원들에게 배워보라. 새로운 것이 보일 것이다. 계급장이 높다고 정보의 양과 질이 좋은 것은 아니기 때문이다. 특히 Z세대의 경우 디지털 원주민이기 때문에 기존 리더가 생각지도 못한 부분까지도 방법과 정보를 얻을 수 있다.

성공하는 리더의 5가지 성격(Big five) 중에도 '경험에 대한 개방성(openness to experience)'이 있다. 새로운 것이나 혁신적인 경험을 즐기며 변화에 대한 수용도 높고 다른 관점의 정보에도 열려 있는 성향을 말한다. 리더가 과거의 성공에 안주하지 않으려면 지금까지 해온 것을 지워버리는 용기와 새로운 시도를 할 수 있는 과감함이 필요하다.

한국의 발전 과정을 보면, 경로의존성을 과감히 탈피한 사례가 여럿 있다. 언론과 출판사는 문서에 글자를 써 가는 방식을 세로

쓰기에서 가로쓰기로 바꿨고, 정부는 정격전압을 110볼트에서 220볼트로 변경했으며, 보행 방향을 좌측통행에서 우측통행으로 바꿨다. 결코 쉬운 과정은 아니었으나, 안에서부터 시작해서 새로운 성과를 달성했다. 이처럼, 기존의 것을 고수하려는 경로의 존성을 과감하게 탈피하면 새로운 가치가 탄생하게 된다.

리더가 가야할 '가지 않은 길'

리더는 늘 두 갈래 길을 마주하게 된다. 그 중 하나는 '익숙한 길', '가 봤던 길'이다. 나머지는 '새로운 길', '남들이 가지 않은 길'이다. 두 갈래 길을 마주하는 순간, 어느 길을 선택할 것인가?

리더는 길을 선택해야 한다. 익숙한 길이 아니라 두려울 수 있지만 '새로운 길', 사람이 '적게 선택한 길'을 갈 수 있어야 한다. 그런 선택을 하기 위해 리더는 공부해야 한다. 환경의 변화도 읽어야 한다. 그리고 스스로 변해야 한다. 스스로 알을 깨고 나오면 병아리가 되지만, 타인이 알을 깨면 계란프라이가 된다. 나로 인해 조직이 '계란프라이'가 되어서는 안 되지 않겠는가? 리더는 '가지 않은 길'을 가는 사람이다.

지금까지 우리는 리더가 병드는 7가지 전조증상에 대해 살펴보았다. 이러한 전조증상이 깊어지면 리더는 반드시 병이 들게 되어 있다. 이제 병이 들어 탈선한 리더에게 나타나는 주요 증상을 알아보자. 그리고 그러한 증상이 조직에 얼마나 큰 악영향을 미치는지 살펴보도록 하자. 리더 개인 뿐 아니라 조직운영 측면에서 매우 심각하게 보아야 할 내용이다.

Chapter ———————————— 3

병든 리더의 7가지 탈선 (derailment)

병든 리더는 자신만 잘난 줄 안다(Narcissism)

자신만 잘난 줄 아는 리더

병든 리더의 탈선 첫 번째는 '나르시시즘(Narcissism)'이다. 나르시시즘은 지나치게 자기 자신이 뛰어나다고 생각하는 '자기중심성 성격' 또는 '잘난 체 하는 행동'을 말한다. 이런 유형의 리더는 지나친 자기 과신으로 자신의 능력에 대해서는 과대평가하며 상대방에 대해서는 늘 평가절하 하는 경향이 강하다. 자기 과신성이 높은 리더의 경우 자신이 모든 문제의 답을 갖고 있다는 인식이 강하여 다른 사람의 의견을 들으려 하지 않는다. 이러한 리더는 타인을 지나치게 과소평가하기 때문에 늘 무시하는 언행과 태도를 보인다. 당연히 구성원들은 열등감을 느끼고 업무 동기가 저하되는 경우가 많다.

〈실제사례 #1〉

"K상무님은 평상시 구성원들에게 '애들이 본 것도 없고 할 줄 아는 것도 없고 시키면 제대로 하는 것도 없어'와 같은 말을 자주 하셨어요. 늘 팀 구성원들을 과소평가하고 열등감을 느끼게 하는 등 직원들의 자신감과 동기를 떨어뜨리는데 선수급이었어요. K 상무님과 일을 하는 내내 자신감을 가질 수가 없었어요."

(E社, 여, 과장)

〈실례사례 #2〉

"우리 팀장님은 자신에 대한 프라이드가 너무 강하여 타인의 의견은 잘 듣지 않았어요. 가끔 저희들 의견을 듣는 듯 보이지만 마음속으로는 잘 받아들이지 않으셨죠. 본인이 조금이라도 남보다 잘 알고 있는 점에 대해서는 과도할 정도로 자기를 과시하고 타인을 무시하는 행동을 보였어요. 반면 부하가 잘 알고 있는데 자신이 모르는 지식에 대해서는 부하를 인정하기 보다는 그 부하의 지식을 이용하여 결국 자기가 돋보이는 방향으로 교묘히 이용했어요. 자기 아래 사람을 절대로 자기 위로 성장하도록 내버려 두지 않으려 한 거죠." (F社, 남, 과장)

미국 심리학협회(APA)가 '자아도취적인 인격 장애'의 판단 근거로 삼는 7가지 요소를 되새겨 보기 바란다.

①끝없는 성공, 권력, 존경, 아름다움, 이상적인 사랑과 환상에 대한 강한 집착

②자신은 특별한 존재이기에 다른 명망 있는 인물들만이 이를 인정할 수 있고, 이들만이 자신의 교류대상이 될 수 있다는 믿음

③열광적이고 과도한 지지의 요구

④특별한 대우를 기대하고 이러한 기대는 당연히 이루어진다는 생각

⑤다른 사람의 감정과 욕구를 이해하고 이들과 일체감을 갖는 감정이입의 결핍

⑥다른 사람에 대한 빈번한 질투와 시기와 함께 다른 사람이 자기를 질투하고 시기한다는 믿음

⑦거만하고 건방진 행동양식 등이다.

자기 자신만 잘난 줄 아는 독선적 리더가 조직에 미치는 악영

향은 다음과 같다.

① **창의성과 혁신의 저하** : 독선적인 리더는 자신의 의견과 아이디어에만 의존하기 때문에 다른 팀원들의 창의성과 혁신을 억누르게 된다. 조직의 혁신력이 저하되는 것은 당연한 일이다.

② **의사소통의 저하** : 독선적인 리더는 주로 자신의 의견만을 강요하고 다른 팀원들의 의견을 경청하지 않으려 한다. 이는 의사소통의 저하와 팀원들 간의 의견 충돌을 야기하게 된다.

③ **동기 부여의 저하** : 독선적인 리더는 팀원들의 참여와 동기부여를 저해한다. 팀원들은 자신의 의견이 무시되거나 존중받지 못한다고 느낄 경우, 업무에 대한 동기와 열정을 잃기 때문이다.

④ **팀워크의 저하** : 독선적인 리더는 팀원들 간의 협력을 저해한다. 팀원들이 리더의 의견에만 의존하고 서로 간의 협력과 지원을 게을리 할 경우, 팀워크가 저하될 수 있다. 자신들의 의견은 없고 리더의 눈치만 보기 때문이다.

⑤ **인재 유출** : 독선적인 리더는 팀원들의 만족도와 충성도를 저하시킨다. 이로 인해 인재들이 조직을 떠나거나 이직할 가능성이 높아진다.

리더의 신념과 고집사이

리더의 '신념'과 '고집' 사이에는 어떤 차이가 있을까? 리더의 '신념'은 리더가 가진 가치관, 비전, 목표 등을 근거로 한다. 사적 이익 보다는 공공의 선(善)을 추구한다. 따라서 리더의 신념은 조직의 방향성을 제시하고, 구성원들에게 동기를 부여하며, 조직의 성과를 높이는 데 기여한다.

반면 리더의 '고집'은 리더가 자신의 의견이나 생각을 지나치게 고수하는 것을 의미한다. 자기중심적이고 배타적이다. 이는 조직의 의사결정에 있어서 다른 구성원들의 의견을 무시하거나, 자신의 의견만을 강요하게 된다. 결국 리더의 고집은 조직의 의사소통을 방해하고, 구성원들의 불만을 유발하게 된다.

성숙한 리더는 자신의 '신념'을 '의심을 인정하는 신념'이라고 고백한다. 아무리 경험이 많은 사람도 자신의 신념이 '고집'이 될 수 있음을 경계하고 있는 것이다. 오랜 경험으로 '자신만의 견해'가 생길 수는 있지만 정신적으로 태만하면 '의심 받지 않으려는 신념'으로 굳어지게 된다. 리더는 자신이 틀릴 수 있다는 점을 공개적으로 이야기 할 수 있어야 한다. 또한 다른 의견에 대해 열려있는 태도와 수용할 수 있는 용기를 지녀야 한다. 이것이 진정한 수용성(acceptability)이다. 수용성은 받아들이는(=accept) 능력

(=ability)이다.

리더 자신만 잘났고 '소통하지 않는 신념'은 '고집'일 뿐이다. 정신적인 태만이 (잘못된) 신념으로 굳어진다는 말을 명심해야 한다. 성숙한 리더처럼 스스로 '의심'을 인정하는 '신념'을 갖는 것은 어떤가?

사람을 감싸 안을 줄 아는 리더, 사티아 나델라

장애아를 키우면서 늘어난 공감 능력은 사티아 나델라 마이크로소프트(MS) 최고경영자(CEO)에게 자양분이 됐다. 그는 '나를 따르라'는 권위주의적 태도 대신 함께 고민해 해결책을 찾아볼 테니 협조가 필요하다며 핵심 인재에게 접근했다. 다양성을 존중하고 사람을 감싸 안을 줄 아는 리더십이 MS의 혁신과 성공을 불렀다.

리더의 독선은 조직의 성과와 문화에 부정적인 영향을 미치게 된다. 리더는 팀원들과의 소통과 협력을 강화하고 다양한 의견을 존중하는 리더십을 발휘하는 것이 무엇보다 중요하다.

보통사람의 법칙, '얀테의 법칙'

리더라면 북유럽의 삶의 규범인 '얀테의 법칙'을 마음에 두기를 바란다. '얀테의 법칙'은 덴마크를 비롯해 스칸디나비아 지역 등 북유럽에서 전수돼온 덕목으로, '보통사람의 법칙'이라고도 불린다. 얀테의 법칙은 자기 자신이 남들보다 특별하거나 지나치게 뛰어난 사람이라고 생각해서는 안 된다는 것이다. '얀테의 법칙'은 다음과 같다.

① 당신이 특별한 사람이라고 생각하지 말아라.

② 당신이 남들보다 좋은 사람이라고 착각하지 말아라.

③ 당신이 다른 사람들보다 더 똑똑하다고 생각하지 말아라.

④ 당신이 다른 사람보다 더 낫다고 자만하지 말아라.

⑤ 당신이 다른 사람보다 더 많이 안다고 생각하지 말아라.

⑥ 당신이 다른 이들보다 더 중요하다고 생각하지 말아라.

⑦ 당신이 모든 것을 잘한다고 생각하지 말아라.

⑧ 다른 사람을 비웃지 말아라.

⑨ 다른 사람이 당신에게 관심 있다고 생각하지 말아라.

⑩ 당신이 타인에게 무엇이든 가르칠 수 있다고 생각하지 말아라.

리더라면 '얀테의 법칙'을 항상 마음에 담아두기 바란다. 리더는 결국 구성원과 조직을 섬김으로써 존중받는 존재다. 늘 낮은 자세로 상대방을 존중하라. 리더의 권위는 능동태가 아니라 수동태다. 권위는 (스스로) 세우는 것이 아니라, (구성원이) 세워줄 때 진정한 힘을 발휘한다는 것을 명심하기 바란다.

병든 리더는 자신의 성공만 바라본다
(Overly-ambitious)

자신만 성공하면 되는 리더

병든 리더의 탈선 두 번째는 '성공 집착증(Overly-ambitious)'이다. 상위 직급으로의 승진에 집착하고 타인을 이용하여 야심을 실현하고자 하며, 지나치게 정치적인 행동을 보이는 증상이다. 이러한 리더는 현재 직무에서 성과창출에 집중하기 보다는 성과를 포장하는데 더 집착한다. 또한, 상사 및 경영진에게 잘 보이기 위한 정치적 행동에 집중하면서 수단과 방법을 가리지 않는 경우가 많다. 이 과정에서 본인의 목적 달성을 위해 다른 사람의 희생을 강요하는 일 조차 서슴지 않는다.

'조직정치'를 만드는 '성공 집착증'

'조직정치(organizational politics)'란 조직 내에서 자신이나 집단의 이익을 극대화하기 위해서 다른 사람들에게 비공식적으로 영향을 미치는 과정이다. 자신의 성공만을 추구하는 리더는 조직정치에 몰입할 수밖에 없다. 자신과 소속 집단의 이익을 극대화해야하기 때문이다. 많은 연구결과에 따르면, 부정적인 측면에서 조직정치는 직무만족과 조직몰입의 저하, 스트레스, 직무소진(burnout), 이직의도, 결근율의 증가, 생산성 저하 등을 가져오는 것으로 나타났다.

정치적 술수 vs 정치적 전략

리더의 정치적 행위가 모두 부정적인 것만은 아니다. 조직에서의 정치적 행위에는 두 가지 유형이 있다. 바로 '정치적 술수(political tactics)'와 '정치적 전략(political strategy)'이다.

'정치적 술수'는 권한을 사적(私的) 이해증진을 위해 사용하는 것이다. 자신과 소속 조직의 이익을 위해 '속임수, 조작, 거짓말,

과장과 축소' 등 다양한 방법들을 공개적으로 또는 은밀하게 사용한다.

반면에 '정치적 전략'은 자신의 이익을 위해 남에게 해를 끼치는 행위가 아니라 팀이나 조직 또는 다른 사람들의 이익을 위한 행동이다. 구체적인 행위는 다음과 같다.

① 좋은 아이디어를 제시했을 때 믿고 승인해주도록 윗사람과 자주 만나고 친밀감을 형성하는 행위

② 조직의 발전을 위해서 마음 맞는 조직원들과 연대하는 것

③ 도움이 필요한 순간을 위해서 평소에 주변 사람들과 신뢰감을 쌓아 두는 행위

④ 전문가로 인정받기 위해 열심히 연구하는 모습을 보여주는 것

당신이 리더라면 어떤 정치적 행위를 하겠는가? 개인의 성공만을 위해 '정치적 술수'에 빠지겠는가 아니면 팀이나 조직, 또는 다른 사람들의 이익을 위한 '정치적 전략'을 펼치겠는가? '정치적 술수' 행위에 매몰된 리더가 미치는 부정적인 사례를 살펴보자.

〈실제사례 #1〉

"저희 팀장님은 상사를 대할 때와 부하를 대할 때의 태도가 크

게 달라 부하들의 신임을 얻지 못했어요. 특히 의사결정 기준이 원칙이나 합리성이 아니라 윗분들 기호에만 맞추는 경우가 많았어요. 자신이 의사결정한 일도 잘못되었을 때는 전적으로 책임을 저희들에게 전가했습니다. 직원들을 보호하는 일은 기대할 수 없었어요. 자신의 성공만 중요한 분이니까요.”(G社, 남, 과장)

〈실제사례 #2〉

“P팀장님은 자기 자신 및 소속 부서의 목표 달성을 위해 물불을 가리지 않으셨어요. 회사 전체의 이익 및 다른 부서의 상황을 고려하지 않으셨죠. 혼자서 독단적인 행동을 했고 이 과정에서 심지어 회사 규정을 위반하기까지 이르렀습니다. 앞 만보고 자기 이익만 추구하다 보니 동료 팀장들이 마음을 주지 않았어요. 결국 P팀장님은 회사가 가고자 하는 방향성을 잃을 때가 많았습니다.”(F社, 남, 과장)

〈실제사례 #3〉

“저희 팀장님은 윗사람들에게는 철저한 리더로 인정을 받을 수 있을지 모릅니다. 하지만 팀원들은 그 분을 리더로 생각하지 않앉어요. 자기의 성과를 위해 부하 직원들의 희생만 강요하는 것으로 인식되곤 했어요. 프로젝트의 성공을 위해 모두 노력하고 희생했는데 자신의 공으로만 돌리시네요. 그 분과 몸은 함께 있지만 마음은 멀리 있습니다."(H社, 남, 부장)

성공 집착증을 가진 리더가 조직에 미치는 악영향은 다음과 같다.

① 과도한 경쟁과 팀워크 저하 : 리더가 상위 직급으로의 승진에 집착하면 조직 내에서 과도한 경쟁이 유발될 수 있다. 이로 인해 팀워크와 협력이 저하되고, 팀 구성원들 간의 갈등이 발생할 수 있다.

② 타인을 이용하는 행동 : 리더가 자신의 야심을 실현하기 위해 타인을 이용하는 행동을 보이게 된다. 이는 조직 내 신뢰와 존중을 훼손시키고, 구성원들 간의 관계를 악화시킬 수 있다.

③ 정치화와 파벌 형성 : 지나치게 정치적인 행동 태도를 보이는 리더는 조직 내에서 정치화와 파벌 형성을 유발할 수 있다. 이는 조직 내의 의사소통과 협업을 방해하고, 효율적인 업무 수행을 저해하게 된다.

④ 의사 결정의 왜곡 : 성공 집착증을 가진 리더는 자신의 야심과 욕구에 따라 의사 결정을 왜곡할 수 있다. 이로 인해 조직의 목

표와 이익을 희생시킬 수 있으며, 비효율적인 결정이 이루어져 중장기적으로 독이 될 수 있다.

⑤ 직원들의 업무 만족도와 충성도 하락 : 이러한 리더의 행동은 직원들의 업무 만족도와 충성도를 하락시킨다. 직원들은 조직의 목표와 가치에 대한 신뢰를 잃을 수 있으며, 조직의 성과와 성장에 부정적인 영향을 가져온다.

리더는 자신의 성공 집착증을 내려놓고, 조직의 목표와 가치를 중시하는 리더십을 발휘해야 한다. 협력과 신뢰를 기반으로 한 조직 문화를 조성하고, 직원들의 성장과 발전을 지원하는 역할을 수행해야 한다.

좋은 리더는 자신의 지향점을 '성공'에서 '성장'으로 바꿀 수 있는 사람이다. 여기서 '성장'은 자기 자신을 넘어서는 '함께하는 성장'을 말한다. 모두가 자신의 승진과 이익만을 추구할 때 구성원과 조직을 함께 생각할 수 있는 리더. 이런 사람은 단기간의 성공을 위해 타인을 수단으로 삼지 않는다. 어떤 리더도 혼자서 골을 넣을 수는 없다. 나보다는 구성원, 우리보다는 조직을 생각할 수 있는 리더. 당신이 되기를 바란다.

병든 리더는 타인을 공격한다(Intimidating)

몸과 마음을 죽게 만드는 리더의 공격성

병든 리더의 탈선 세 번째는 '타인에 대한 공격성향(Intimidating)' 이다. 이런 리더는 대인관계에 있어 위협적이고 강압적이며 권위 주의적인 태도와 행동을 강하게 나타낸다. 이들은 부하직원이나 동료 또는 주위의 협력 관계를 갖는 이해관계자에게 매우 위협적 인 언행으로 감정을 상하게 한다. 조직 내에서 마치 독재자처럼 군림하기까지 한다. 또한 구성원의 참여를 이끌어 내기 보다는 자신의 명령과 지시에 따라 일하게 하고 독단적인 의사결정을 하 는 경우가 많다.

이러한 리더와 함께 일하는 조직 구성원은 리더를 어려워하고 불편해하며 대면하는 것을 피하려 한다. 결국 리더는 자신이 원하는 대답 이외의 다른 다양한 정보와 메시지에 대해서는 아무런 피드백을 받지 못하게 된다. 이러한 리더는 조직 내에서 철저히 고립되어 리더 앞에서는 모든 일이 잘되는 듯이 보이지만 실제 조직은 심각한 위기에 직면하는 경우가 많이 발생한다.

이처럼 위협적이고 공격적이며 권위주의적인 리더는 구성원의 실패에 대한 수용성이 낮다. 이런 리더가 있는 조직에는 새로운 것을 시도하기 보다는 큰 문제를 일으키지 않으려는 수동적인 조직문화가 자리 잡게 된다. 오로지 리더의 지시에만 조직이 움직이기 때문에 조직의 경직성이 높아지게 된다. 타인을 공격하는 리더가 만드는 현상을 실제사례로 살펴보자.

〈실제사례 #1〉

"우리 팀장님은 다른 의견에 대한 질책 및 인신공격성 발언으로 유명합니다. 구성원들은 심한 좌절과 모멸감을 느끼게 되었어요. 직원들은 점점 자신의 의견을 제시하지 못하고 수동적으로 변해갔습니다. '가만히 있으면 중간은 간다'는 말이 저희 팀의 좌우명이 되어버렸습니다. 정말 슬픕니다." (I社, 남, 과장)

〈실제사례 #2〉

"K팀장님은 자신보다 나이 많은 직원에게조차 '무능하다', '나이를 어디로 처먹었냐?' 등의 막말을 서슴지 않았습니다. 특히 자신의 기대보다 성과가 부족할 때는 사표를 종용하고 위협하고 협박했습니다. 자신과 반대되는 의견에 대해서는 군대식 용어를 사용하며 복종을 일방적으로 강요했어요. 조직 분위기가 좋지 않은 방향으로 흘러가는 것은 당연했습니다. 눈 아래에 사람이 없다는 '안하무인'은 K팀장님을 두고 만든 말 같았어요." (J社, 남, 과장)

〈실제사례 #3〉

"L이사님은 시간 압박이 있는 상황이 되면 과도하게 공격적으로 행동했어요. 늘 부하 직원을 무시하고 불신하는 언행을 보임으로써 팀의 사기가 저하되고 구성원으로부터 신뢰를 잃었습니다. 일이 풀리지 않을수록 앞장서서 해결책을 고민해주셔야 하는데 질책만 하셨어요. 리더라면 문제를 공략해야 하는데, 저희들만 폭언으로 공격하셨어요. 너무나 고통스러운 순간이었어요."
(K社, 남, 부장)

조직이 경직되고 두려움이 팽배하면 권위주의적인 리더가 오히려 득세하게 된다. 자신들의 카리스마적인 태도가 조직에 먹힌다고 착각하기 때문이다. 이런 리더에게는 카리스마 이면에 자기애와 사이코패스적 특성이 숨겨져 있다. 이들에게는 공감 능력과 도덕성이 결여돼 직원들에게 심각한 고통을 가할 위험성을 늘 가지고 있다. 실제사례에서 보듯이 리더가 문제를 공략하는 것이 아니라, 오히려 구성원들을 공격하는 어이없는 일이 벌어지는 것이다. 당연히 성과는 없고 상처받은 구성원들만 남게 된다.

스스로를 파괴하는 공격성의 부메랑

자신 뿐 아니라 구성원들까지 병들게 한 어떤 관리자의 독백을 생각해 보길 바란다. K상무는 해가 뜨기도 전에 일어났다. 다른 누구보다 일찍 하루를 시작하는 것이 옳다고 믿었다. 그는 세상 모든 사람이 자고 있는 이른 새벽에 출근을 했다. 때로는 야근을 하며 책상에서 새우잠을 자기도 했다. 이렇게 힘겨운 싸움을 하는 내내 야심과 성취란 바로 이런 것일 거라고 스스로 위안했다. 아침 7시 30분에 직원회의를 소집하고, 7시 31분에 사무실 문을 잠가 1분이라도 늦게 오는 사람은 들어오지도 못하게 했다. 그런 직원을 향해 '게으른 놈'이라고 심한 말로 공격하기도 했다. 좀 심하다 싶었지만 그것이 성공할 수 있는 유일한 길이자 직원들도 함께 성공하게 만들 유일한 방법이라고 믿었다. 하지만 결국에는 스스로를 너무 몰아붙이고 주위에 있는 다른 사람들은 떠나가도록 만들었다. 그렇게 해서 무엇을 얻었는가? 잠시의 성공을 얻긴 했지만 동시에 심한 병도 얻었다. 몸은 망가졌으며 관계 또한 회복하기 어렵게 되었다. 타인을 향한 공격성이 결국은 자신을 망가뜨리는 부메랑이 될 줄 알았겠는가?

위협적이고 강압적이며 권위주의적인 행동을 하는 리더는 결국 자신을 망가뜨리게 된다. 그리고 그가 속한 조직은 '악순환의 고리'로 빠져들게 된다. 바로 '리더 회피 → 의사소통 장애 → 집단침묵 → 창의성과 혁신성 저하 → 직원 이탈 → 조직성과 저하'로 이어지는 '악순환의 고리'이다.

직원들에게 공포와 불안을 심어주는 리더는 결국 침묵하는 구성원을 만들고, 리더의 지시만 따르는 좀비를 양산하게 된다. 리더의 비난과 질책을 받을까봐 두려워하여, 새로운 아이디어를 제시하지 않고 침묵하기 때문이다. 직원들은 리더와의 관계에서 고통을 느끼고, 스트레스와 불안을 겪게 되어 결국 조직을 떠나게 될 것이다.

리더가 만들어야 할 '심리적 안정감'

조직이 건강하려면 상사와 열린 소통이 가능한 분위기가 조직 안에 조성돼 있어야 한다. 조직에 '심리적 안정감(psychological safety)'이 필요한 이유다. '심리적 안정감'은 부정적인 의견이나 결과에 대해서도 두려움 없이 자신의 생각과 우려를 표현할 수 있는 상태를 말한다. 구성원들의 실수나 서로 다른 의견을 수용하고 공유하는 믿음이기도 하다. 심리적 안정감이 부족한 조직엔 '위험한 침묵(dangerous silence)'이 흐르게 된다. 솔직한 이야기를 하는 것을 주저하게 되고 침묵이 안전하다고 느끼기 때문이다. 이러다 보면 당연히 조직의 창의성, 협업 능력, 그리고 위기관리 능력 등에 부정적인 영향을 미치게 된다.

강함과 강인함의 차이

리더는 늘 '강해야 한다'는 강박관념을 가지고 있다. 강해 보여야 구성원들이 얕보지 않는다고 생각한다. 헤어스타일도 '이마가 확실히 드러나 보이게 해야 부하 직원들이 자신을 무서워한다'는 임원을 만난 적도 있다. 앞머리를 내리고 다니면 자신을 착하고 순진하게 생각한다는 논리였다. 정말 웃지 못 할 이야기지만 그만큼 '리더는 강하게 보여야 한다'는 강박관념이 존재하는 것 같다.

'강함'과 '강인함'을 구분할 수 있는가? 리더는 '강한 척' 하는 것이 아니라 '강인(强靭)'해야 한다. 강(强)은 '강하다'라는 의미고, 인(靭)은 '잘 끊어지지 않고', '부드럽다'는 뜻을 가지고 있다. 인(靭)의 한자 유래는 가죽 혁(革)과 음(音)을 나타내는 글자 刃(=忍, 참을 인)이 합하여 이루어진 것이다. 즉, '부드럽고 강(强)하다'는 뜻이다. 리더십에 적용해보면 이런 뜻이 된다. 리더는 늘 마음을 강하게 하여, 어떤 어려움이 있더라도 '잘 끊어지지 않고', 구성원들은 향해서는 '부드러움'과 '유연함'을 견지해야 하는 사람이다.

도자기와 도자기가 부딪치면 그 순간 깨져버린다. 어느 한쪽이 부드러우면 깨지지 않는다. 리더에게 부드러운 마음이 필요한 이유다. 도자기처럼 딱딱한 마음들이 서로 부딪치면 깨지고 상처를 입는 법이니 그러지 않으려면 부드러워야 한다는 말이다. 리더라면 어떤 마음을 지녀야 하겠는가? 식물이 싹이 돋고 자라는 것도, 작은 잎이 자라는 것도, 대나무가 미세한 바람에 흔들리는 것도 부드럽기 때문이다.

리더가 구성원을 '수단'이 아니라 '존재'로 대한다면, 상대방에 대한 '부드러움'을 견지할 수밖에 없다. 이러한 리더와 함께하는 구성원은 마음에 열정의 싹이 돋는다. 작은 잎이 자라듯 조금씩 성장하게 된다. 바람이 불어 흔들려도 쉽게 부러지지 않는다. 리더와 구성원이 하나의 동료로서 함께 하기 때문이다.

리더는 직원들과의 대인관계에서 존중과 배려를 바탕으로 한 리더십을 발휘해야 한다. 직원들의 의견을 존중하고, 창의성과 혁신성을 장려하는 조직 문화를 조성하는 리더가 되기를 바란다. 명심하라! 타인을 공격하는 리더는 결국 자기 자신을 파괴하게 된다는 사실을.

병든 리더는 작은 것에 집착한다
(Micro-managing)

'김상무'를 '김대리'로 만드는 마술

병든 리더의 탈선 네 번째는 리더가 위임을 하지 못하고 세세한 것까지 간섭하는 '마이크로 매니징(Micro-managing)'이다. 이는 리더로 승진한 후에도 지나치게 세부적인 사항까지도 과도하게 관리하며 구성원들에게 권한을 위임하지 않는 증상이다. 이러한 과도한 관리는 실무의 세부적인 사항부터 모든 내용을 속속들이 경험한 특정 분야 전문가에게서 자주 발견된다. 자신이 새롭게 부여 받은 리더의 역할보다 과거 관점에서 일을 보고 판단하게 되는 경우다. 자신이 오랫동안 잘 알고 있고 잘 해왔던 분야

이기 때문이다. 또 한 가지는 부하에 대한 신뢰가 낮아 일을 믿고 맡기지 못하는 경우다.

리더의 지나친 관리 및 통제는 조직의 각 지체가 선순환적으로 역할을 수행하는데 심각한 왜곡을 초래한다. 가장 큰 문제는 리더에게 요구되는 전략적이고 거시적인 과제에 집중하지 못한다는 것이다. 이러한 리더의 성향은 낙수효과처럼 단위 조직을 이끄는 예하 팀장에게도 영향을 미친다. 팀장들마저도 자신의 역할보다는 더 세부적인 실무 담당의 역할을 하게 된다. 조직이 전체적으로 협소한 관점에서 일을 하는 악순환에 빠지게 되는 것이다.

'샤워실의 바보'와 닮은 꼴

'샤워실의 바보(a fool in the shower room)'는 시카고대학 교수이자 노벨 경제학상 수상자인 밀턴 프리드먼이 제시한 개념이다. 정부의 섣부른 경제 개입은 경기 변동을 더 크게 할 수 있다는 것이다. 프리드먼은 정부의 조급한 시장경제 개입을 비판하며 '샤워실의 바보'에 비유했다. 샤워실에서 갑자기 물을 틀면 차가운 물이 나오기 마련이다. '샤워실의 바보'는 수도꼭지를 더운 물 쪽으로 돌려버리고, 뜨거운 물이 나오게 된다. '샤워실의 바보'는 깜

짝 놀라 수도꼭지를 찬 물 쪽으로 돌리게 되고, 다시 빙하수가 나오게 되며 상술한 과정을 반복한다.

'샤워실의 바보' 개념은 경제학에서 쓰인 용어지만, 리더십 측면에서도 해석이 가능하다. 조직(팀)에 주어진 과업에 대해 구성원들도 나름대로 생각과 아이디어가 있다. 리더는 구성원들이 과업을 어떻게 추진해야 성과를 낼 수 있을지 고민할 수 있는 시간을 주어야 한다. 구성원들 간에도 새로운 아이디어와 방법을 찾기 위한 '자발적 교류'의 기회가 필요하기 때문이다. 하지만 마이크로 매니징 리더는 그 시간을 참지 못하고 섣불리 개입한다. 그것도 세세한 부분까지 답을 정해놓고 구체적 방법과 절차까지 모두 쏟아낸다. 바로 '답정너' 같은 리더이다. 이런 리더는 '답은 정해져 있고 너는 대답만 하면 돼.'라고 한다. 주로 자신이 듣고 싶은 대답을 미리 정해 놓고 상대방에게 질문하여 자신이 원하는 답을 하게 하는 사람이다. 이런 조직에 무슨 창의성과 자율성이 생기겠는가?

마이크로 매니징 리더가 구성원에게 미치는 영향을 실제사례로 살펴보자.

〈실제사례 #1〉

"K상무님은 예하에 여러 팀을 둘 만큼 높은 지위에 있으면서도 세부적인 모든 사항을 본인의 의사결정에 따라 움직이도록 했습니다. 당연히 예하 팀장들은 독립적으로 아무런 의사결정을 하지 못하는 경우가 자주 반복되었어요. 그러다 보니 의사결정이 늦어져 제때에 일을 마치지 못하는 것은 물론 어느 누구도 책임지려는 사람이 없게 되어 조직전체의 성과가 급격히 하락하게 되었습니다."(L社, 남, 과장)

〈실제사례 #2〉

"L이사님은 마치 실무 대리 같이 일을 했어요. 중요하고 전략적인 것을 고민하기 보다는 지나치게 세부적인 것까지 다 챙기셨어요. 그러다 보니 조직 전체가 올바른 전략적 방향을 고민하기 보다는 실수를 줄이고 세부적인 것에 전념하게 되었습니다. 중간 레벨 팀장은 자신의 역할에 대한 정체성을 찾지 못하고 우왕좌왕하는 일이 많았어요."(M社, 남, 차장)

리더가 마이크로 매니징에 빠지면 여러 관점에서 조직 내부에 문제가 발생한다.

① **전략 실행의 비효율성** : 리더가 세부적인 부분까지 관리하면, 전략 실행에 필요한 유연성과 신속성이 저하된다. 의사결정이 늦고 구성원들이 승인을 기다리느라 일의 추진을 주저하기 때문이다.

② **혁신과 창의성 저하** : 마이크로 매니지먼트는 구성원들의 자율성과 창의성을 저해할 수 있다. 세세한 간섭이 새로운 아이디어와 혁신을 억제하고, 전략의 발전을 제한하기 때문이다.

③ **리소스 낭비** : 리더가 세부적인 부분까지 관리하면, 구성원들의 시간과 노력이 비효율적으로 사용될 수 있다. 리더와 구성원이 동시다발적으로 업무를 추진해야 하는데 일의 추진속도가 느려지게 된다.

④ **구성원 동기 저하** : 마이크로 매니지먼트는 구성원들의 자율성과 동기를 저하시켜 전략 실행에 대한 헌신도를 낮추게 된다.

⑤ **신뢰와 협업 저하** : 마이크로 매니지먼트는 구성원들 간의 신뢰와 협업을 저하시킬 수 있다. 리더의 과도한 개입으로 인해 구성원들 간의 협력과 의사소통도 원활하지 않게 된다. 리더만

쳐다보기에 구성원 간 의견이 경시되기 때문이다.

리더는 번아웃, 구성원은 의욕상실

리더가 마이크로 매니징에 빠지면 리더 스스로에게는 어떤 일이 벌어질까? 리더가 모든 세부사항을 관리하고 감독하는 것은 매우 힘든 일이다. 이로 인해 리더는 스트레스와 과로에 시달리고 건강 문제와 번아웃에 이르게 된다. 더 중요한 전략 수립과 문제 해결에 집중해야할 리더가 방전되고 아프게 된다.

가장 큰 악영향은 바로 리더에 대한 구성원의 신뢰 상실이다. 구성원들은 창의성과 혁신성을 발휘하여 조직의 성과에 기여하고 싶어 한다. 리더가 일일이 간섭하고 세부사항을 처리하면 구성원들은 스스로 역량을 개발할 기회를 상실하게 된다. 구성원의 자발성과 성장욕구를 꺾는 주범이 바로 리더의 '마이크로 매니징'이다.

마이크로 매니징의 심리적 부작용

마이크로 매니징이 구성원의 심리적 저변에 어떤 영향을 미치는지 살펴보도록 하자. 과거의 일들을 곱씹는 사고 과정을 심리학에서는 '반추(rumination)'라 한다. 사소한 부분까지 일일이 통제하려드는 상사로부터 지속적인 영향을 받게 되면 구성원들은 '거듭된 반추'를 하게 된다. 일이 조금이라도 잘 못되면 구성원들은 스스로 납득할 수 있을 때까지 모든 상황을 복기하고 관계성을 분석하는 반추를 하게 된다는 뜻이다. 이를 통해 구성원들은 여러 경우의 수에 대해 완벽한 통제와 대비가 가능했다는 (잘못된) 죄책감을 갖게 된다. 이러한 결과 (구성원들은) 자기 존재는 모든 순간 민폐라고 생각하며 자신을 쓸모없는 존재라고까지 여기게 된다.

사소한 부분까지 일일이 통제받는 구성원은 일의 잘못을 자신에게 돌리게 된다. 구성원을 자책으로 몰아넣는 것이다. 마이크로 매니징은 구성원의 자발성과 자존감을 동시에 앗아가는 행위가 된다. 리더가 마이크로 매니징을 하게 되면 리더와 구성원 모두 각자 역할을 망각하고 비효율의 늪에 빠지기 때문이다.

리더는 구성원을 신뢰하고, 자율성과 책임을 부여하여 스스로 문제를 해결하고 역량을 개발할 수 있도록 지원해야 한다. 또한 리더는 구성원들의 역량 개발과 조직의 성장을 위해 전략적인 경영에 집중해야 한다. 이를 통해 전략의 효과적인 실행과 조직의 성장을 동시에 도모할 수 있다. 리더는 리더의 역할을 해야 한다.

병든 리더는 타인에 냉소적이다
(Aloofness)

인간미 사라진 얼음대왕

병든 리더의 탈선 다섯 번째는 매사에 부정적이고 회의적인 태도로 일관하며 '냉소적이며 남을 불신하는 행동(Aloofness)'을 하는 것이다. 냉소적 행동 성향이 강한 리더는 주변의 사소한 일에 쉽게 불쾌해한다. 타인을 진실성보다는 의심과 비판의 눈으로 바라보며, 쉽게 적의적인 태도를 드러내는 특성을 보인다.

'냉소주의'는 현실에 적극적으로 참여하여 자기가 만족스럽지 못한 부분을 개선시키기 위한 노력은 하지 않으면서, 멀리서 팔짱을 끼고 이것저것 불평불만을 늘어놓는 태도이다. '냉소주의'

는 대체로 대안이 없는 비난이라는 점에서 '건전한 비판'과 전혀 다르다. 냉소적 인간은 현실에 대해 못마땅해 하면서도 변화를 진심으로 바라지는 않거나 변화·발전을 위한 의지나 능력이 결핍된 경우가 대부분이다.

리더의 지나친 비판과 부정적인 시각은 조직의 분위기를 침체하게 만든다. 또한 타인의 실행의지와 동기까지 저하시킨다. 조직 전반에 비관적이고 패배적인 분위기를 조성하는 것은 당연하다. 타인에게 냉소적인 리더가 만드는 부작용 사례를 살펴보도록 하자.

〈실제사례 #1〉

"K이사님은 언제나 불평불만이 가득한 사람처럼 보였어요. 그리고 팀장·팀원 가리지 않고 수시로 대화 과정에서 그 동안의 일들을 모두 떠 올리며 모든 절차와 내용에 대해 비판과 비난을 쏟아 놓곤 했죠. 심지어 그룹의 우수 임원에게만 주어지는 장기 해외연수에 선발되어 참여하게 되었을 때조차 시시콜콜한 불만을 늘어놓으셨어요. 프로그램을 진행하는 조직과 담당에 대한 비난 그리고 회사에 대한 부정적 태도까지 보였어요. 결국 어느 누구도 K이사님과는 같이 하려 하지 않아 혼자 외딴섬처럼 독립되어

지내게 되더군요. 본인이 갖고 있는 역량은 뛰어났지만 조직에서 같이 일하고 싶어 하는 사람이 별로 없었어요." (N社, 남, 과장)

차가운 얼굴, 창의성과 혁신성 얼게 만들어

매사에 부정적이고 회의적인 태도로 일관하는 냉소적인 리더는 조직 내 신뢰를 저하시킨다. 구성원들은 리더의 불신과 냉소적인 태도를 인식하고, 리더에 대한 신뢰를 잃게 된다. 구성원들이 새로운 아이디어를 제시하거나 혁신적인 아이디어를 내려고 하지만 리더는 차가운 얼굴로 반응이 없다. 구성원들의 창의성과 혁신성이 얼어붙는 것은 당연하다.

구성원들은 냉소적인 리더와 소통이 어렵고, 의견 교환과 피드백이 원활하지 않게 된다. 구성원들은 리더의 부정적인 태도와 냉소적인 시각에 영향을 받아 업무에 대한 열정과 동기를 잃게 된다. 리더의 이러한 태도는 조직 문화까지 얼어붙게 만든다. 리더의 비아냥거리는 언행에 조직 내 협력과 긍정적인 분위기가 저하되는 것은 당연한 결과다.

사후 확증편향, '미스터 거봐', '거봐 팀장'

'사후확증편향(Hindsight Bias)'는 어떤 사건이나 일에 대하여 결과를 확인하고, 마치 사전에 결과를 예측할 수 있었던 것처럼 생각하고 말하는 심리이다. 어떤 조직이든 이러한 심리를 가진 '미스터 거봐' 혹은 '거봐 팀장'들이 적지 않다. 회의 시간에는 침묵하고 있다가 누군가의 제안이 거절되었을 때 핀잔을 주는 부류다. 리더가 의사결정을 해서 진행한 일조차도 잘 못되면 모든 비난을 부하 직원에게 쏟아낸다. '내가 뭐라고 했어? 거봐, 안 된다고 했잖아!'라는 식의 방관자 혹은 냉소적 태도로 일관하는 유형이다. 조직의 창의성과 도전정신을 혼탁하게 만드는 사람이다. 이런 부류는 남을 비난하는 방식으로 자신의 존재 이유를 증명하려 한다.

리더의 방관자적인 사후 확증편향은 그릇된 의사결정을 하도록 조장한다. 자신의 선입견을 뒷받침하는 내용만 수용하고, 자신의 논리를 정당화해주는 정보만 취사선택하는 위험성이 커진다. 이런 리더에게 구성원들의 의견은 중요하지 않다.

맞다. 방관자 혹은 냉소적 태도로 일관하는 리더는 조직의 창의성과 도전정신을 잃게 만드는 주범이다. 남을 비난하는 방식으로 자신의 존재 이유를 증명하려는 사람처럼 비겁한 사람이 또 어디 있겠는가?

얼어붙은 호수와 같은 리더

냉소적이고 차가운 리더는 '얼어붙은 호수'와 같다. '얼어붙은 호수'는 아무 것도 비추지 않는다. 겨울 낮의 태양 빛과 하얀 구름 그리고 푸른 산의 그림자 모두 잃게 만든다. 단단함의 서슬만이 빛나고 있을 뿐 아무 것도 품지 않고 있는 '얼어붙은 호수'. 당신의 모습은 아닌지 되돌아보라.

얼어붙어 있는 리더의 얼굴을 보면서 구성원들의 마음은 어떠할까? 구성원들의 마음속에 불빛도 비추지 못하고 기댈 수 있는 그림자도 없다. 차가운 리더의 서슬만이 보일뿐, 어느 구성원도 누구도 품지 않는다. 이런 리더와 함께 일하는 구성원들은 어떤 마음이 들겠는가?

봄 바다에 반짝이는 윤슬

구성원을 수단으로 이용하지 않고, 따뜻한 마음으로 지원하는 리더. 이러한 리더의 지지와 인정을 통해 성과를 달성하고 성장하는 구성원의 얼굴빛은 마치 윤슬과 같다. 윤슬은 '햇빛이나 달빛이 비치어 반짝이는 잔물결'을 일컫는 순우리말이다. 리더에게 동기부여 받아 존재감을 느끼고 스스로 뿌듯해하는 구성원의 얼굴에는 봄 바다에 반짝이는 윤슬이 보이는 것 같다.

리더는 긍정적인 태도와 신뢰를 바탕으로 조직 내 분위기를 조성하고 구성원들의 동기와 창의성을 촉진하는 역할을 해야 한다. 냉소적인 태도 대신 긍정적인 리더십을 발휘하여 조직과 구성원들의 성장과 발전을 도모하는 것이 리더의 역할 아니겠는가?

병든 리더는 시야가 좁고 변화를 두려워한다
(Narrow range of viewpoint)

좁은 시야, 두려운 변화

병든 리더의 탈선 여섯 번째는 '좁은 시야와 변화에 대한 두려움(Narrow range of viewpoint)'이다. 이런 리더는 상황이나 환경이 변화하더라도 기존의 방식을 바꾸는 것을 꺼려한다. 새로운 스킬을 학습하는데 소극적인 모습으로 일관하기도 한다. 이는 과거의 성과와 업적에 만족하고 안주하거나 새로운 전략적인 변화를 인지하지 못하는 경우다.

결국 이러한 리더는 스스로 변화를 주도하지 못하기 때문에 외부의 변화요구에 의해 실패를 경험하게 된다. 과거 자신이 인정받고 성장했던 특정 경험 및 역량에 집착하려 한다. 이를 기반으로 모든 판단과 의사결정의 기준을 두기 때문에 새로운 변화에 능동적으로 대처하지 못하는 것이다.

이러한 리더가 이끄는 조직은 유능한 직원들까지 수동적으로 만든다. 능력 있는 직원도 새로운 변화가 없는 리더와 조직에 적응하지 못하고 조직을 떠나게 된다. 조직에 남은 구성원들도 시간이 지남에 따라 조직과 함께 점차 퇴보하여 결국 전체 조직이 심각한 위기에 직면하게 되는 것은 당연한 결과이다. 변화를 두려워하는 리더에게 나타나는 현상을 사례로 살펴보자.

〈실제사례 #1〉

"A팀장님은 CEO나 조직이 원하는 새로운 일을 찾아내고 목표를 실현하려는 모습을 보이지 못했습니다. 늘 수동적이고 보수적으로 행동하셨어요. 본인 스스로는 변화하려고 시도하고 또 변화하고 있다고 생각했겠지만 기존의 경험과 사고방식 틀에서 벗어나지 못했던 거죠. 윗분들이 보기에도 답답했고, 구성원들도 안타까운 마음으로 A팀장님을 대했어요. 팀장님이 멈추어 있으니 무슨 새로운 일을 기대하겠습니까? 팀원들까지 정체된 느낌을

받곤 합니다." (O社, 남, 과장)

〈실제사례 #2〉

"K실장님은 과거 본인이 성공했던 경험을 바탕으로 의사결정을 하셨어요. 그래서 일을 지나치게 단순하고 쉽게 판단하는 경향이 강했습니다. 예를 들면 팀원들은 년 프로젝트를 신중하고 장기적인 계획을 가지고 접근하기를 원했으나 실장님은 과거 10년 전에 본인의 성공경험을 가지고 일을 밀어붙였습니다. 결국 프로젝트는 실패하여 회사가 큰 손실을 입게 되었고 실장님은 다른 부서로 좌천되었다가 곧 퇴직했습니다." (P社, 남, 과장)

리더가 좁은 시야와 변화에 대한 두려움을 가질 경우, 조직에 다음과 같은 악영향을 주게 된다.

① **혁신과 성장의 저하** : 리더가 변화에 대한 두려움을 가지고 새로운 아이디어와 스킬을 학습하지 않으면, 조직은 혁신과 성장을 이루기 어렵다. 새로운 기회와 시장을 놓치게 되며, 경쟁 업체들에게 뒤처지게 된다.

② **의사 결정의 한계** : 리더가 좁은 시야를 가지고 있으면, 의사 결정에 있어서도 한계가 생길 수 있다. 다양한 관점과 정보를 고

려하지 않고, 과거의 경험과 지식에만 의존하여 의사 결정을 내리게 되므로, 조직의 성과와 성공에 부정적인 영향을 미치게 된다.

③ **인재 유지와 개발의 어려움** : 리더가 변화에 대한 두려움을 가지고 있으면, 인재 유지와 개발도 어려워지게 된다. 새로운 아이디어와 스킬을 가진 인재들이 조직을 떠나거나, 조직의 성장과 발전에 기여하지 못하게 된다.

④ **조직의 유연성과 적응력 저하** : 리더가 변화를 두려워하면 조직 전체의 유연성과 적응력도 저하된다. 조직은 변화하는 환경과 상황에 빠르게 대응하고 적응해야 하는데, 변화에 대한 두려움으로 능동적인 대처를 할 수 없게 된다.

⑤ **조직의 창의성 저하** : 리더가 변화를 주저하게 되면 조직의 창의성도 저하될 수 있다. 구성원들은 새로운 아이디어와 시도를 꺼리게 되고, 조직 내의 창의성과 혁신성은 사라지게 된다.

가장 위대한 리더들의 공통점

과거의 영광에 의존하거나 기존에 성공한 것이 현재나 미래에도 성공하리라고 생각하는 기업은 어김없이 망한다. 리더도 마찬

가지다. 훌륭한 리더는 모두 더 먼 곳을 보는 능력이 있으며, 그 비전을 향해 조직을 끌고 갈 확신을 가지고 있다. 위대한 리더의 공통적 특성은 비전에 있다. 비전은 과거의 답습이 아니라, 미래의 새로움에 도전하는 정신에서 나온다. 리더는 관리자가 아니라 변화와 혁신을 주도하는 사람이다. 리더는 희망을 파는 사람이며, 내가 잘하는 것이 아니라 남을 잘 하게 만드는 사람이다. 방향을 제시하고 사람들이 가지고 있는 역량을 최대한 발휘하도록 도움을 주는 것이 리더의 역할이다. 그렇기 때문에 리더는 과거에 머무를 수 없다. 미래는 과거의 답습이 아니라 새로운 도전과 비전제시를 통해 만들 수 있기 때문이다.

리더가 중장기적인 방향을 제시하려면, 그리고 변화와 혁신을 주도하려면 좁은 시야를 가져서야 되겠는가? 리더는 변화에 대한 두려움을 극복하고, 새로운 아이디어와 스킬을 학습하며, 조직의 성장과 발전을 이끌어 나가는 것이 중요하다. 리더라면 변해야 산다.

병든 리더는 비윤리적이다(Immorality)

병든 리더의 탈선 마지막 일곱 번째는 리더의 '비윤리성 (immorality)'이다. 이런 리더는 조직의 윤리와 가치를 실천하는 데 필요한 원칙을 준수하지 않는다. 이들은 공사구분에 대한 인식이 부족하여 회사의 공공재를 사적인 용도로 사용하거나, 조직이 정한 규칙 및 변화에 솔선수범하지 않고 부정적 행동을 일삼는 모습을 쉽게 보인다. 비윤리적인 리더가 만들어 내는 모습을 사례로 살펴보자.

〈실제사례 #1〉

"저희 팀장님은 B2B 영업 경쟁을 하면서 경쟁사를 이기기 위해 발주처와 관계형성에 너무 집착하셨어요. 과도한 술자리 및 적합하지 않은 비용집행이 잦았죠. 외부 협력업체와의 관계에서도 회사의 정책과 반하는 윤리의식이 결여된 행동이 있었습니다. 이러한 사실이 결국 회사에 까지 알려지게 되었죠. 결국 영업도 성공하지 못하고 인사위원회에서 징계까지 받게 되었습니다."

(Q社, 남, 과장)

〈실제사례 #2〉

"저희 팀장님은 CEO에게 영업결과를 좋게 보이게 하려고 '영업성과 결과를 바꿀 수 있냐'까지 요구하셨어요. 전산에 나오는 자료를 어떻게 수정할 수 있나요? 그 분은 그렇게 지시하셨어요. 자신의 사택, 차량 용품을 회사 법인카드로 결제하고, 회사 비품을 승인도 없이 자신의 사택에 가지고 가기도 했어요. 사택 이사 하는 날 직원들에게 사역을 시키기도 했구요."

(R社, 남, 대리)

비윤리적 행위를 하는 이유

리더가 비윤리적 행위를 하는 이유는 무엇일까? 적지 않은 리더들이 비윤리성이라는 함정에 빠지는 세 가지 이유를 살펴보자.

첫째, 높은 자리에 있을수록 적당히 넘어갈 수 있다. 실제로 거짓말을 하면 당장 실수를 덮거나 원하는 것을 손에 넣을 수 있다고 생각한다. 웬만한 일탈은 문제삼기 어렵다는 것도 알고 있다. 직책이 높을수록 견제장치가 느슨해지기 때문이다.

둘째, 성공하기 위해서는 이겨야하기 때문이다. 성공에 대한 욕구가 클수록 거짓말에 대한 유혹이 강해진다. 윤리적일수록 선택의 폭과 성공 가능성이 줄어든다고 믿는 사람도 많다. 정상적인 방법으로는 경쟁에서 이길 수 없다고 생각한다. 수단과 방법을 가지지 않고 이기려는 마음이 작동한다.

셋째, 자신의 선택을 합리화할 수 있기 때문이다. '상황윤리'라는 말로 정당화하며 자신에게는 관대한 잣대와 선한 의도로 포장한다. 처한 상황에 따라 윤리적 가치가 다를 수 있다는 상대주의적 관점을 자신에게만 적용하는 사람들을 현실에서 많이 찾아볼 수 있다.

리더가 자신은 비윤리적이지 않다고 정당화하게 만드는 주범이 바로 '상황윤리'다. 자신에게는 관대한 잣대로, 선한 의도를 전제로 판단하는 것이 문제다. 비윤리적인 행동으로 감사부서에 조사를 받는 리더가 "자신이 무엇을 잘 못했느냐?"고 억울해하는 이유도 바로 이런 연유다. 늘 자신의 행동은 '선한 의도'를 가지고 있다고 착각한다.

또한 '윤리적 상대주의'도 집단주의 성향이 강한 한국에서 더 경계해야 한다. '공동체 의식'은 집단의 결속력과 실행력을 높이는 효과를 낸다. 하지만 '공동체'라는 '자기조직 중심주의'는 다른 집단을 배격하고 자기 집단의 비윤리적 행위를 정당화하는 부작용도 유발할 수 있다. 특히 '집단사고'에 빠지면 비윤리적 행동을 방조할 뿐 아니라 다양성과 창의성을 저해할 수 있으므로 리더들은 주의해야 한다.

리더의 비윤리적 행동은 구성원에게 전파된다. 바로 비윤리성의 낙수효과(trickle-down effect)다. 리더가 이끄는 조직이 오염되고 병들게 되는 원인이 리더의 비윤리성이다. 리더의 비윤리성은 조직에 다음과 같은 영향을 미칠 수 있다.

① **신뢰 저하** : 리더의 비윤리적인 행동은 조직 내 신뢰를 저하시킨다. 구성원들은 리더와 조직에 대한 신뢰를 잃을 수 있으며,

이는 협력과 팀워크에 부정적인 영향을 미치는 주요 요인이 된다.

② **직원 참여도 감소** : 리더의 비윤리적인 행동은 직원들의 참여도와 동기부여를 저하시키게 된다. 직원들은 리더의 행동에 실망하고, 업무에 대한 열정과 헌신을 잃게 되는 것이다.

③ **평판 손상** : 리더의 비윤리적인 행동은 조직의 평판을 손상시킬 수 있다. 이는 고객, 파트너, 이해관계자들 사이에서 조직의 신뢰도와 인지도를 저하시킨다.

④ **법적 문제** : 리더의 비윤리적인 행동은 법적 문제를 초래할 수 있다. 이는 벌금, 소송, 형사 처벌 등의 형태로 자신과 조직에 부정적인 영향을 미친다.

⑤ **성과 저하** : 리더의 비윤리적인 행동은 조직의 성과에도 부정적인 영향을 미친다. 직원들의 참여도 저하, 신뢰 저하, 평판 손상 등으로 인해 조직의 생산성과 혁신성이 저하되기 때문이다.

리더는 조직의 거울

리더는 '조직의 거울'과 같은 역할을 한다. 직원들은 자신들의 행동 방식, 심지어 사고방식까지도 리더를 판단의 기준으로 삼는다. 어느 정도로 헌신해야 하는지, 얼마나 노력해야 하는지, 어느 선까지 예의를 갖춰야 하고 얼마만큼 정직해야 하는지 등을 모두 리더의 행동과 모습에 비춰 결정한다. 리더는 직원들의 행동규범에 큰 영향을 끼칠 수밖에 없는 존재다. 그만큼 리더는 언행을 조심해야 한다. 구성원들이 보고 느끼고 닮아가고 있기 때문이다.

사람의 두뇌에는 다른 누군가의 행동을 보고 흉내 낼 때 관여하는 거울신경세포가 있다. 다른 사람의 행동을 의식 속에서 모방한다. 조직에서 가장 많이 모방을 하는 존재는 다름 아닌 상사이고 리더다. 심리학자들은 이를 '모범의 위력'이라고 부른다. 모범을 보이는 것은 다른 사람에게 영향을 미치는 가장 좋은 방법이다. 더 강조하자면 '리더의 모범'은 구성원들을 변화시키는 '유일한 방법'일지도 모른다.

21세기에 윤리적 리더십이 새삼 강조되는 이유는 비윤리적 리더의 악영향을 피하기 위해서만은 아니다. 한 명의 리더의 부도덕과 일탈로 인해 기업의 브랜드 이미지가 실추되는 사례는 얼마든지 있다. 기업 CEO는 회사 전체를, 임원과 팀장은 해당 조직의 이미지를 결정할 수 있다. 더욱 중요한 것은 이들의 윤리성이 구성원들이 자신 있게 일할 수 있는 투명한 환경을 만들어 준다는 데 있다. 구성원들은 윤리적 리더십이 전제돼야 조직을 믿고 공감과 열망을 불러일으키기 때문이다.

따라서 리더는 구성원들에게 윤리적인 행동과 가치를 보여주는 '모범'이 되어야 한다. 리더에 대한 신뢰와 존경은 충성심을 이끌어내기 위한 필수조건이다. 똥 묻은 개가 겨 묻은 개를 나무랄 수 있겠는가? 리더는 늘 스스로를 삼가고 되돌아 볼 수 있어야 한다.

지금까지 우리는 탈선한 리더의 7가지 주요증상을 살펴보았다. 아픈 리더, 병든 조직을 살리기 위해서는 의학적 처방전이 필요하다. 이제 리더십 탈선을 치료할 수 있는 7가지 처방전을 사회과학적으로 검증된 리더십 이론은 중심으로 살펴보자. 아픈 리더, 병든 조직은 살려야 한다!

Chapter ———————— 4

병든 리더를 위한 7가지 처방전 (ASSEEST)

리더여, 진정성을 가져라
(Authentic leadership)

병든 리더와 조직을 살리는 첫 번째 리더십 처방전은 '진성리더십(authentic leadership)'이다. 진성리더십은 리더의 '진정성'을 강조하는 리더십이다. 명확한 자기 인식에 기초하여 확고한 가치와 원칙을 세우고 투명한 관계를 형성하여 조직 구성원에게 긍정적인 영향을 미치는 리더십이다. 2000년대 들어 엔론(Enron)사태와 같은 경영진들의 일탈적인 사건들로 인해 '신뢰할 만한 리더십'에 대한 필요성이 강조되면서 등장한 개념이다.

'진성 리더(authentic leader)'란 스스로에게 솔직하고 말과 행동이 일치하며, 자신의 신념과 가치관에 입각하여 일관성 있게 조직을 이끄는 사람이다. '진성리더'는 '진실성'을 제1의 가치로 여긴다. 자신과 타인에 대해 '진실'하다는 것이다. 이들은 자기 자신의 본 모습을 잘 이해(self-awareness)하고 있다. 자신의 가치관이 중요하듯 타인의 의견을 수용하는 데에도 능하다. 리더가 의사결정에 필요한 정보를 공유하고, 자신이 품고 있는 가치관이나 감정을 숨기지 않고 드러내 보인다. 더불어 구성원이 리더의 행동을 쉽게 인지하도록 공개적이고 명확한 행동패턴을 보인다.

진성리더십의 핵심 구성요인

진성리더십은 4개의 핵심 구성요인을 가지고 있다. 이 핵심 구성요인은 자아인식, 관계 투명성, 균형 잡힌 정보처리, 내재화된 자기규제이다.

① **자아인식** : 리더 자신에 대한 이해, 강점과 약점, 자신이 다른 사람들에게 미치는 영향 등을 잘 인지한다. 자신이 누구인지 알고 다른 사람에게 미칠 수 있는 영향을 이해하므로 경솔하게 행동하지 않는다. 이로 인해 '진성리더'는 자신을 객관적으로 인

식하고 타인의 다름을 존중한다. 모든 사람은 장점과 단점을 가지고 있다는 것으로 알고 있기 때문에 구성원의 장점을 살리고 단점은 보완해 줄 수 있다. 또한 상대방을 '일을 위한 도구'로 여기지 않으며, 자신처럼 '소중한 존재'로 대하게 된다.

② **관계 투명성** : 거짓되거나 왜곡된 모습이 아니라 진정한 자신의 모습을 상대방에게 내보이는 행위다. 공개적으로 정보를 공유하고 자신의 생각과 느낌을 진정성 있게 표현한다. 그리고 부적절한 감정표현을 최소화하려고 노력한다. 이런 특성 때문에 '진성리더'는 자신을 속이지 않고 상대방과 신뢰를 중요시 여긴다. 자신의 이익을 위해 상대방을 속이거나 이용하지 않는다. 자신이 상급자라는 이유로 구성원을 하대하지도 않는다. 구성원을 자신의 '부하'가 아니라 일을 함께 하는 '조력자'이자 '파트너' 관계로 인식하기 때문이다. 따라서 이들은 구성원과 투명하고 진실한 관계를 소중하게 생각한다.

③ **균형 잡힌 정보처리** : 결론에 이르기 전에 모든 관련된 정보들을 객관적으로 수렴하려는 자세다. 또한, 자신의 오래된 신념에 대한 도전도 기꺼이 받아들이려는 태도다. 이런 특성으로 인해 '진성리더'는 자신의 신념만 고집하지 않는다. 상대방에 대해 열려있는 이유다. 자신의 경험만을 판단의 잣대로 삼는 '경험의 배타성'에도 빠지지 않는다. '내가 해봐서 아는데', '전에 해봤

는데', '내 감으로는 말이야'라는 말을 삼간다. 이들은 구성원들과 함께 객관적 데이터를 기준으로 함께 논의하고 일의 방향을 잡아간다. 자신이 혼자서 쥐고 흔드는 상명하복이 아니라 늘 구성원들의 의견을 존중하고 '최적의 합리성'을 추구한다. 함께 정한 결론이므로 전 구성원이 한 방향으로 일을 해나가는 것은 당연하다.

④ **내재화된 자기규제** : 특정 집단, 조직, 사회의 압력에도 굴하지 않고 자기 내면의 도덕적 기준과 가치관에 입각하여 지켜지는 자기규제를 말한다. 이를 통해 '내면의 가치'에 일치하는 의사결정과 행동을 하게 된다. 이런 특성으로 인해 '진성리더'는 혼돈의 상황이 오더라도 쉽게 흔들리지 않는다. 마치 대형 선박의 균형을 지키는 '평형수(ballast water)'를 가슴에 두고 있는 것 같다. '평형수'는 배 밑바닥에 담아 운행한다. 선박의 무게중심을 잡아주어 심한 풍랑에도 침몰하지 않고 균형을 유지해주는 역할을 한다. '진성리더'는 '평형수' 같은 자신만의 기준과 원칙이 있으므로 쉽게 유혹받지도, 굴복하지도 않는다. 구성원들은 '진성리더'가 어떤 생각과 판단을 할지 예측할 수 있다. 상황이 급한 경우 구성원이 '선 조치 후 보고' 하더라도 일의 결과가 크게 벗어나지 않는다. '진성리더'의 가치관이 이미 구성원들에게 내재화되어 있기 때문이다.

진성리더, 구성원이 스스로 따르는 이유

진성리더는 타인의 행동에 대한 영향력에 초점을 둔 기존 리더십과는 달리 '자신에게 진실함'으로써 구성원들의 '신뢰'를 받고 그들이 '사명'을 이룰 수 있도록 '선한 영향력'을 행사하는 사람이다. 진성 리더는 자신의 내면적 가치와 일치하는 모습을 구성원들에게 보여주는 사람으로, 하향적인 영향력 행사 방식으로 구성원들을 이끄는 기존의 리더십들과는 차이가 있다. 이런 진정성 있는 리더의 모습과 행동은 리더에 대한 신뢰를 형성하고 보다 협력적인 태도와 관계를 만드는 마중물 역할을 하게 된다. 구성원들이 리더를 믿고 스스로 일에 '진심'을 다하게 되는 이유다.

'진성리더'는 늘 자신을 살펴보고 언행을 삼간다. 심리적으로도 안정되어 있어 구성원들이 쉽게 접근할 수 있게 만든다. 또한 구성원과의 관계와 신뢰를 중시하므로 상대방을 존중하는 자세를 늘 견지한다. 소신은 있되 고집을 피우지 않는다. 업무와 관련된 정보를 균형 있게 접목하고 늘 경청하는 모습을 보인다. 내면의 가치와 일치하는 의사결정을 하므로 예측이 가능하다.

이런 특성으로 인해 진성 리더는 조직 구성원의 잠재력을 믿고, 능력을 확장시키고 발전시킨다. 또한 의사결정 과정에 조직 구성원의 참여를 극대화시킴으로써 주인의식을 심어준다. 구성원들이 믿고 따르는 것은 당연하다.

AI 시대의 리더십, 변하지 않는 진정성

AI 시대를 맞이하여 리더십 석학들이 자주 받는 질문이 있다. 'AI 시대의 리더십은 무엇이고, 특별한 점은 무엇인가?'이다. 좀 더 구체적으로는 'AI와 직원들의 협업을 이끄는 법', 'AI시대의 인재를 관리하는 법', 'AI로 윤리적 책임을 다하는 법' 등이다.

하지만 전문가들의 답은 간명하다. 이들은 시대를 불문하고 리더의 핵심 자질은 '자기성찰'과 '공감'을 내재화하고 실천하는 것이라고 강조한다. 리더는 늘 자신을 돌아보고, 주변 사람들과도 대화를 많이 하는 것이 중요하다. 리더가 스스로 자신의 고통스러운 이야기, 비밀, 실수, 부끄러운 자기 신념을 공유하게 되면 이야기하는 사람과 듣는 사람 모두의 성찰을 촉진할 수 있다. 또한 개인적인 문제를 어떻게 극복했는지 자세히 설명하면 구성원들이 비슷한 조치를 취하도록 장려할 수도 있다. 리더의 '진정성'은 늘 구성원들의 마음을 스스로 움직이게 하는 동력이 된다.

덴마크와 같은 '행복지수' 선진국에서는 인공지능(AI)시대에 대비해 어떤 준비를 하고 있을까? 덴마크에서는 교과과정에 'AI

활용법'보다는 '자존감 교육'과 '관계 교육'을 중심에 두고 있다고 한다. 인공지능 시대가 도래 하더라도 자기인식에 기초한 '자존감'과 구성원과의 '관계'는 변할 수 없는 교육의 중심이라는 것이다. 이는 진성리더십의 핵심요소와 연결된다. 리더의 '진정성'은 시대가 복잡해질수록 조직의 중심을 지키는 '평형수' 역할을 하게 될 것이다.

쉽게 다가갈 수 있는 리더(approachable leader)

리더가 자신의 약점을 드러내는 일은 고통스럽다. '능력 없다', '거기서 거기구나', '자격 없다'고 하진 않을까? 자신의 이미지가 망가지는 건 아닐까 하는 두려움 때문이다. 그런데 '솔직한 마음으로' 도움을 받기 위해 자신의 취약점을 공개하고 의견을 구할 때 오히려 리더십은 인정받게 된다. '그 일은 내가 잘 모르는 부분입니다', '그 일은 당신이 좀 도와주세요', '내가 잘못된 의사 결정을 했습니다. 미안합니다.' 이런 언어들을 리더가 사용한다면 구성원들이 좀 더 '쉽게 다가갈 수 있는 리더(approachable leader)'가 될 수 있다. 이를 '취약성의 힘(the power of vulnerability)'이라고 한다.

'취약성(vulnerability)'은 신체적·정서적으로 상처받기 쉬움을 나타내는 'vulnerable'과 능력을 나타내는 'ability'가 연결된 단어다. '자신의 손상받기 쉬운 부분을 공개할 수 있는 능력'이라는 뜻이 된다. 자신의 진실한 모습을 보일 수 있는 용기, 진성리더십의 핵심이다.

'군자가 지녀야 할 9가지 덕목'

논어에 '군자가 지녀야 할 9가지 덕목'이 있는데 진성리더십과 연결되는 내용이다. 리더는 사물을 볼 때는 분명하게 보고, 소리를 들을 때는 똑똑히 듣고, 얼굴은 온화하고, 태도는 공손하고, 말은 거짓 없이 진실하며, 일을 함에 온 마음을 다해야 하고, 의심나는 것이 있으면 물어보고, 화를 낼 때는 낸 후를 생각해야 하며, 이득은 반드시 올바른 방법으로 취한 것인가 생각해야 한다는 것이다.

'진성리더'는 논어에서 강조하는 '군자'와 같은 사람이다. 자신이 누군지 알고, 상대방과 진실한 관계를 구축하고자 노력한다. 또한 자신의 신념만 고집하지 않고 늘 상대방에 대해 열려있다. 내면의 가치에 일치하는 의사결정과 행동을 하기 때문에 늘 일관성을 유지할 수 있다. 예나 지금이나 리더가 가져야 할 핵심요소는 '진정성'임을 잊지 말기 바란다.

진성리더는 좋은 여행 반려자

리더는 구성원들과 함께 '먼 길'을 가는 사람이다. 한 사람의 진정한 모습을 보려면 함께 여행을 가보라고 했던가? 마음이 맞지 않는 사람과 떠나는 길은 '여행'이 아니라 '고행'이다. 당신은 함께 길을 떠나는 구성원에게 어떤 여행 반려자가 되어야 하겠는가?

'진성리더'는 자신의 길을 올곧게 가는 사람이다. 다시 말해 자신의 이익추구보다는 조직과 구성원에게 바람직한 길을 안내하는 사람이다. 내면의 원칙이 있어서 쉽게 흔들리지 않으나, 타인에게는 늘 열려있다. 구성원들을 존중하므로 쉽게 다가갈 수 있는 사람이다. 구성원을 향해 '먼 길이지만 함께 가자'고, '그 길 위에 (구성원을 위해) 나무가 되고 착한 바람이 되고 싶다'는 진정성을 가진 리더를 어찌 따르지 않겠는가?

리더여, '진정성'을 가져라!

리더여, 의미와 목적으로 무장하라
(Spiritual leadership)

병든 리더와 조직을 살리는 두 번째 리더십 처방전은 '영성 리더십(spiritual leadership)'이다. 영성 리더십은 리더가 비전, 이타적 사랑, 희망과 신념에 대한 태도와 가치를 가지고 행동으로 실천하는 리더십이다. 리더십을 효과성이나 효율성을 극대화시키는 관점이 아니라 일의 '의미'와 '목적'을 촉진시켜줄 수 있는 가치에 기반하고 있다. 조직운영을 효과성과 효율성에만 집착하면 구성원은 '일하는 기계'나 '도구'로 전락하게 된다. 이렇게 되면 구성원은 '존재(being)'가 아니라 '비용(cost)'으로 인식된다.

'인간 소외(疏外, alienation)'라는 개념은 산업혁명 시기에만 있는 것이 아니다. 구성원을 인격체로 인식하지 않는 모든 조직에서는 '인간 소외' 현상이 나타날 수밖에 없다.

이러한 인간소외 현상을 방지하기 위해서 리더는 구성원을 '영혼이 있는 존재(being)'로 대해야 한다. 구성원들은 공동체 안에서 존중받아야 하며, 일의 '의미'와 '목적'을 알고 '영혼 있게' 일할 수 있어야 한다. '영성리더'는 그런 환경을 만드는 사람이다.

영성 리더십의 구성요인

영성 리더십은 다섯 가지 구성요인으로 이루어져 있다.

① **소명의식(calling)** : 개인이 다른 사람들을 섬김으로써 세상을 더 좋게 변화시키며, 그 과정에서 삶의 의미와 목적을 느끼게 하는 것이다. 따라서 리더의 역할은 구성원들이 직무몰입과 올바른 목표추구를 통해서 '소명의식'을 느끼도록 만드는 것이다.

'소명의식'을 가진 구성원은 자신의 일을 단순한 '직업'이나 '밥벌이'로 인식하지 않는다. 자신의 일에 '가치'와 '의미'를 부여하여 새롭게 해석하게 된다. 이들에게는 일이 고될 수 있지만 늘 보람을 가지고 살아간다. '일'이나 '과업'이 자신에게만 머무는 것이 아니라 조직과 공동체를 향해 연결되어 있다고 믿기 때문이다.

② **소속감(membership)** : 구성원들을 이해해주고 감사를 표시함으로써 조직이나 집단의 일원이라는 것을 느끼도록 하는 것이다. '영성리더'는 자율, 위임, 존중, 인정, 신뢰를 구성원들에게 제공함으로써 '소속감'을 높인다.

'소속욕구'는 매슬로우의 '욕구단계이론'에서도 중요한 역할을 담당한다. '소속욕구'는 저차원 욕구인 '생리욕구'와 '안전욕구'를 넘어 고차원욕구인 '자존욕구'와 자아실현욕구'로 넘어가는 '디딤돌' 같은 역할을 한다. 집단에 소속하여 교류하고 사랑받고 싶은 욕구(=소속욕구)가 충족되어야 비로소 고차원욕구로 넘어갈 수 있기 때문이다.

또한 '소속감'은 구성원에게 '사회적 지지'와 '심리적 안정감'을 제공해 준다. '사회적 지지'를 통해 구성원은 어려움을 겪더라도 동료의 지원과 도움으로 상황을 이겨낼 수 있다고 믿는다. 그리고 '심리적 안정감'은 조직 내에서 창의적이고 혁신적인 활동을 가능하게 하며, 팀 성과와 직무 만족도까지 향상시킨다.

③ **비전(vision)** : '영성리더'는 구성원들에게 '비전'을 제시함으로써 노력의 방향을 명확히 해주며, 수많은 의사결정을 하는데

기준을 제공한다. 이를 통해 구성원들의 행동을 신속하고 효율적으로 조정할 수 있게 한다.

여기서 말하는 '비전'은 단순한 개인의 사회적 성취나 성공이 아니다. '일'을 통해 '배움'과 '성장'을 경험하는 것이다. 이러한 '성장'을 통해 사회와 공동체에 '이로움'을 줄 수 있는 '전문가'가 되는 길을 보여주는 것이다. '비전'이 있는 사람은 '긴 호흡'으로 일을 한다. 단기적인 성과에 일희일비(一喜一悲)하지 않는다. 쉽게 좌절하지도 않는다. 자신이 가야할 길과 방향을 알고 있기 때문이다.

④ **이타적 사랑(altruistic love)** : 자신과 타인에 대한 보살핌, 관심, 감사를 통해서 얻어지는 전체감(sense of wholeness), 조화감, 그리고 웰빙 느낌을 제공하는 것이다. '영성리더'는 '이타적 사랑'을 통해 구성원들의 심리적 두려움을 없애주고, 평화와 안정과 차분한 분위기를 제공해 준다.

'이타주의(altruism)'는 자기를 희생함으로써 타인의 행복과 복리의 증가를 행위의 목적으로 한다. 자신을 소중히 여기되 타인을 배려하고 기꺼이 도움을 줌으로써 공공의 선을 추구하는 것이다. '이타성'을 가진 구성원이 많을수록 조직의 분위기가 밝고 성과가 높아지는 것은 당연한 일이다.

이와 반대로 '자기중심성(egocentric)'이 강한 구성원이 많으면 무슨 일이 벌어질까? 이런 구성원들은 자기의 입장에서만 모든 사물을 보고, 다른 사람의 입장을 이해하지 못한다. 자신의 관점에 지나치게 의존하고 현실보다 자신을 더 높게 평가하는 성향을 보이기도 한다. 조직이 하나로 뭉치지 못하고 늘 갈등과 분열만 생기는 것은 당연한 일이다.

'영성리더'는 자신 스스로 이타적 사랑(altruistic love)을 실천함으로써 조직에 헌신하고 배려하는 문화를 심어준다. 이를 통해 구성원 간에 서로 돕고 자발적으로 지원하는 행동이 늘어나게 된다. 구성원들이 상호 조화감과 우리의식(weness)을 가지고 하나로 뭉치는 것은 당연한 수순이 될 것이다.

⑤ **희망/믿음(hope/faith)** : '희망'이란 충족의 기대이며, '믿음'이란 그러한 희망에 확신을 더하는 것이다. '희망/믿음'을 갖는 사람은 어디로 가며 어떻게 갈 것인가에 대한 비전을 가지게 된다.

리더는 단순하게 일의 결과를 예측해주는 예언자가 아니다. 보고서만 가지고 오면 '빨간 펜 선생님'처럼 지적질하는 비평가도 아니다. 일의 결과가 좋지 못할 때 '그럴 줄 알았다'며 냉소적으로 비난하는 비판자는 더더욱 안 된다.

'영성리더'는 구성원들에게 '희망/믿음'을 줌으로써 비전 성취의 확신을 심어주는 사람이다. '영성리더'는 구성원의 비전을 성취될 수 있도록 구체적인 방향성과 실질적인 도움을 주는 사람이다. 단순하게 '심리적 확신'만을 '입으로만' 이야기하지 않는다. 리더의 역할은 실제적이어야 한다.

영성 리더십의 핵심 구성요인을 살펴보았다. 정리하자면 '영성리더'는 일을 통해 구성원들이 삶의 의미와 목적을 느끼게 한다. 구성원들을 이해하고 감사를 표함으로써 소속감을 느끼고 존중받도록 한다. 소명의식과 소속감으로 무장한 구성원들은 리더가 제시하는 비전에 자발적으로 동참한다. '영성리더'의 이타적 사랑에는 사욕이 없다. 구성원들이 심리적 안정과 평안을 느끼는 이유다. 구성원들은 조직이 가는 방향을 이해하고 비전 성취의 확신을 갖게 되는 것이다.

일이란 사람을 중심에 놓고 목적을 추구하는 것

영성리더십의 대표적 인물로 베스트바이의 전(前) CEO인 위베르 졸리를 소개하고 싶다. 그는 2012년 파산 위기의 베스트바이(Best Buy)를 극적으로 재건한 인물이다.

위베르는 '진정한 리더십은 목적을 분명히 하고, 사람을 중심에 두고 모든 이해관계자를 포용하는 것'이라고 강조했다. 그에게 사업이익은 결과일 뿐이다. 그는 기업이 숭고한 목적을 추구하고, 직원이 일을 하면서 스스로 중요한 존재라고 느끼게 되면 성과는 당연히 나게 된다는 것을 실제 경영으로 증명했다.

'일은 눈에 보이는 사랑이다(Work is love made visible)'라는 말이 있다. 위베르 또한 '일이란 다른 사람들에게 도움을 주기 위한 고귀한 소명이자 사랑의 표현'이라고 강조했다. 일이란 '사람'을 중심에 놓고 '목적'을 추구하는 방향으로 나아가야 한다는 뜻이다.

조직은 영혼 없는 독립체가 아니다. 조직은 사람이 중심에 있고, 구성원들이 함께 노력하며 목표를 이루도록 뒷받침하는 '유기체'와 같은 것이다. 조직이 이렇게 바뀌면 모든 구성원이 자신의 잠재력을 100% 발휘할 수 있는 환경이 조성된다. 다시 말해 모든 비즈니스의 중심에는 '사람'과 '(선한)목적'이 있고, 조직은 공익(common good)에 기여하며 모든 이해관계자에게 가치를 제공할 수 있다는 것이다. 위베르는 이를 '휴먼 매직(human magic)'이라고 갈파했다.

영성이 있는 일터

또 한명의 영성리더십의 주인공은 ㈜캐럿글로벌의 노상충 대표다. 노 대표 또한 사업 이야기의 핵심에 '사람'이 있다. 직원을 '수단'이나 '대상'으로서가 아니라 '존재'로서 대해야 한다고 강조한다. 구성원들은 함께 호흡하고 공감하며 서로에게 의미를 부여할 수 있어야 조직에 생명력이 유지된다는 것이다.

노 대표는 늘 '영성이 있는 일터'를 지향해왔다. '영성이 있는 일터'란 구성원들이 일상에서 깨어 있는 조직을 말한다. 그들은 왜 일을 하는지 그 이유를 알며, 자기가 하는 일의 의미가 무엇인지를 알고 있다. 일이 단순히 돈을 벌기위한 수단을 넘어, 자신과 타인 그리고 사회에 어떠한 영향을 주는지를 잘 알고 있다. 그들에게 일과 삶은 분리되어 있지 않고, 식물의 줄기가 햇빛을 좇듯이 언제나 성장 지향적인 삶을 추구한다. 일은 단조로운 '노동'이 아니라 사회에 선한 가치를 주는 '소명'의 단계까지 발전할 수 있어야 한다.

많은 리더들이 수학 문제를 풀듯이 성공에 대한 답을 찾고자 한다. 빠른 수학 풀이를 위해 새로운 공식이나 기술을 찾아다니는 것이다. 수학의 정석이 따로 있는지 모르겠으나, 경영의 정석은 '사람'에게 있다. 그리고 성공의 방정식은 그들이 '영혼 있게' 일할 수 있는 일터'를 만드는데 있다는 것을 명심하기 바란다.

일터, 존재 가치를 실현하는 장

영성리더십을 갖춘 리더는 직원을 단순한 회사의 '도구적 존재'로 만들지 않고, 일과 더불어 변화하고 성장하는 '삶의 주체자'로 여긴다. 조직 구성원들의 '일'이 '삶'과 분리되지 않도록 동기 부여 한다는 뜻이다. 일터는 생산을 통해 결핍을 충족하는 '생존만을 위한 공간'이 되어서는 안 된다. 일이라는 매개를 통해 개인의 삶을 더욱 살찌우고 '존재 가치'를 실현하는 '의식의 장'이 되어야 한다.

모든 리더가 높은 기준의 가치와 의식을 가진 CSO(chief spiritual officer)가 되면 어떨까? 소명의식과 소속감, 비전, 이타적 사랑, 희망과 신념에 대한 가치를 가지고 행동으로 실천하는 리더가 되기를 소망한다. '영성리더'는 구성원을 '영혼 있게' 일하게 하는 사람이다.

리더여! '의미'와 '목적'으로 무장하라!

리더여, 동료의식을 가져라
(Shared leadership)

병든 리더와 조직을 살리는 세 번째 리더십 처방전은 '공유리더십(shared leadership)'이다. 리더십 유형은 시대와 조직의 변화에 따라 새로운 요구를 받게 된다. 초기에는 '나를 따르라'식의 계층적이고 명령적인 리더십이 주를 이루었다. 산업화와 기술 발전으로 인해 변화의 필요성이 대두되면서 변혁적이고 유연한 리더십이 부상하기도 했다. 4차 산업을 맞이하고 있는 최근에는 팀원들과의 상호작용, 동등한 의사소통, 창의성 촉진 등이 중요시됨에 따라 변화에 민첩하게 대응할 수 있는 '공유리더십(shared leadership)'이 강조되고 있다.

1인 리더에서 구성원 중심으로

리더십 변화가 요구되는 이유는 조직이 1인 리더 중심에서 조직 구성원 전체 중심으로 바뀌고 있기 때문이다. 또한, 공식적 리더의 방향과 명령을 따르는 것만으로는 수많은 환경변화에 능동적으로 대처할 수 없는 시대에 있기 때문이다.

공유리더십은 1인 리더 중심이 아니라 팀 구성원 모두에게 영향력을 공유하는 수평적 리더십 모델이다. 공유리더십은 팀 구성원들이 공동으로 계획 및 조직화 하여 문제를 해결하고, 지원 및 배려, 개발과 멘토링 하는 것을 강조한다. 개인보다 구성원들 간에 미치는 총체적인 영향력이라고 볼 수 있다. 즉, 구성원 전체로서 리더십이 발현되는 팀 프로세스라고 할 수 있다.

공유리더십의 3요소

공유리더십이 형성되는 과정이나 영향 요인은 다음과 같다.
① 공유된 목적(shared purpose)
② 지원적인 팀 분위기(supportive team environment)
③ 생산적 의사소통, 발언(constructive communication and voice)

실질적으로 조직(팀) 내 공유된 가치와 목적, 비전, 목표 등이 존재한다는 것은 구성원들이 존재 목적과 과업 달성의 이유를 함께 하고 있다는 뜻이다. 목적의식에 대한 공통분모를 가지게 되면 구성원들은 조직(팀) 목적과 과업달성을 위해 책임감을 공유하게 되고 이를 통해 보다 높은 수준의 공유 리더십을 가지게 된다. 또한 조직(팀)내 활발한 의사소통을 통해 의사결정과 생산적인 담론이 적극적으로 이루어짐으로써 구성원들의 참여와 몰입도가 높아진다. 이러한 구성원 본인의 직무와 과업에 대한 관심과 지원은 공유리더십의 출현에 긍정적인 영향을 미친다.

팀 권한부여, 상호 자극과 내재적 동기 일으켜

공유리더십과 '혁신'간 관계에 대한 연구결과를 보면, 공유리더십은 구성원들 간에 리더십의 균형을 맞추고 서로를 자극하여 질 높은 아이디어를 생성, 확산, 실행하기 때문에 '혁신'에 긍정적인 영향을 준다고 한다.

리더와 팀 구성원들 사이에서 서로에서 권한이 부여되면, 수직적인 리더로부터 일방적인 지시를 받는 것에 비해 구성원의 내재적 동기가 증가하면서 혁신 성향을 높이는 것으로 나타났다. 권한을 부여 받는 구성원들은 스스로가 자율성과 영향력을 가질 수 있다는 생각에 목표달성을 위한 새로운 방식과 창의적인 해결방안을 제시하는 경향이 강해진다. 때문에 각자가 가진 능력을 바탕으로 보다 다양한 아이디어를 자발적으로 만들어낼 수 있으며 서로에게 지적 자극을 제공함으로써 보다 창의적이고 혁신적인 업무를 해나갈 수 있다.

집단지성과 집단사고를 구분하는 법

공유리더십에서 한 가지 유의할 점이 있다. 리더는 집단의 힘을 이끌어 내야 하지만 '집단사고'로 흘러가지 않도록 주의해야 한다. '집단지성(collective intelligence)'과 '집단사고(group thinking)'는 구분되어야 한다. '집단지성'은 다수의 개체들이 서로 협력하거나 경쟁을 통하여 얻게 된 집단의 지적 능력을 일컫는 말이다. 집단지성은 개체의 지적 능력을 뛰어넘는 큰 힘이 있다. 리더는 조직의 집단지성을 활용해야 하지만 '집단사고'에 빠지지 않도록 주의해야 한다.

'집단사고'도 토의와 협의를 통해 집단적으로 문제해결의 방안을 찾는 과정임에는 틀림없다. 그러나 문제는 집단 구성원들의 일치된 생각에 초점을 모아 특정 사고를 구성원 전체에 호소함으로써 그것이 불변의 진리인 것처럼 확신하도록 하는데 있다. '집단사고'는 집단 구성원들이 당면한 문제에 대하여 독창적인 해결책을 찾아내기 보다는 오히려 다른 구성원들의 동의를 얻는 일에만 관심을 갖게 된다. 따라서 개개인의 독창성과 새로운 아이디어는 억제된다.

리더가 팀 다양성을 이끌어내야 할 이유

리더는 구성원들의 다양성을 잘 버무리고 시너지를 낼 수 있도록 노력해야 한다. 팀의 다양성을 잘 활용해야 한다는 이야기다. 팀 다양성은 다양한 배경, 경험, 사고방식, 문화 등을 가진 개인들이 모여 팀을 이루는 것을 의미한다. 리더가 팀 다양성을 잘 활용하여 공유리더십을 발휘하면 다음과 같은 이점이 발생한다.

① **창의적인 문제 해결** : 다양한 배경과 경험을 가진 팀원들은 다양한 관점과 아이디어를 가져올 수 있으며, 창의적인 문제 해결에 도움이 된다.

② **더 나은 의사 결정** : 다양한 시각과 의견을 고려함으로써 더 풍부하고 포괄적인 의사 결정을 할 수 있다.

③ **효과적인 커뮤니케이션** : 다양한 의사소통 스타일을 이해하고 존중함으로써 팀원들 간의 교류가 원활해지고, 효과적인 협업

이 가능해진다.

④ 더 넓은 시각 : 다양한 배경과 경험을 가진 팀원들은 문제에 대한 다양한 시각을 제공하여 더 넓은 시야로 문제를 바라볼 수 있다.

⑤ 인재 유치와 유지 : 다양한 팀 구성은 인재를 유치하고 유지하는 데 도움이 된다. 다양한 배경을 가진 인재들은 다양한 경험과 아이디어를 가지고 있어 팀에 새로운 동력을 불어넣을 수 있기 때문이다.

리더는 팀 다양성을 존중하고 활용하는 것이 중요하다. 리더는 구성원들과의 협력을 통해 팀의 성과를 극대화할 수 있기 때문이다.

일체감을 만드는 심리적 안정감

공유리더십이 활성화 되려면 조직 안에 열린 소통이 가능한 분위기가 조성돼 있어야 한다. 이를 조직의 '심리적 안정감(psychological safety)'이라 부른다. 다시 정리하자면 '심리적 안정감'은 '부정적인 의견이나 결과에 대해서도 두려움 없이 자신의 생각과 우려를 표현할 수 있고, 구성원들의 실수나 서로 다른 의견을 수용하고 공유하는 믿음'을 뜻한다. 리더가 구성원에게 '심리적 안정감'을 제공하게 되면 구성원 간에는 서로 믿고 신뢰하는 '일체감'을 만들어 갈 수 있다.

조직의 '심리적 안정감'을 평가하기 위한 설문지가 있다. 주요 항목은 다음과 같다. '이 조직에선 어려운 문제를 제기할 수 있다', '사람들마다 생각이 다르다는 것을 수용한다', '다른 구성원에게 도움을 요청하는 것이 어렵지 않다', '구성원과 함께 일하면서 나의 고유한 기술과 재능이 높이 평가되고 활용된다' 등이다.

이런 조직문화를 갖추기 위해 리더는 늘 경청하고 다름을 인정할 수 있어야 한다. 또한 구성원이 리더에게 쉽게 도움을 요청할 수 있도록 '권력 격차'를 줄여나가야 한다. 구성원의 성과가 조직에 기여하고 있음을 늘 피드백하여 스스로 효능감을 갖도록 하는 것도 중요하다. 이런 문화를 가진 조직은 상호 존중을 바탕으로 유기적인 생명체처럼 스스로 움직인다.

리더가 가꾸어야 할 TMX(team-member exchange)

리더는 공유리더십을 통해서 구성원들 간의 관계 질(質)도 잘 가꿀 수 있다. TMX이론은 구성원들이 자신의 동료들과 맺고 있는 수평적 과업수행관계로 팀 구성원 간 교환관계를 말한다. 팀-

구성원 교환관계는 역할관계, 조정노력, 갈등, 협력 등을 포함하는 개념이다. TMX는 사회적 자본이론(social capital theory)을 바탕으로 한다. 사회적 자본이 견고하게 형성된 조직은 상호신뢰가 높게 형성되고, 강한 유대감을 보이며, 공통된 규범과 가치를 공유함으로써 조직의 효율성을 촉진시킨다. 한 조직 내 생성 되는 지식과 정보의 공유와 활용이 원활하게 이루어지기 때문에 업무를 추진하면서 발생할 수 있는 다양한 문제를 효과적으로 해결하게 된다. 이렇듯 TMX의 수준이 높은 집단은 강력한 팀워크(teamwork)를 발휘함으로써 주어진 과업을 성공적으로 수행해낼 수 있다.

리더가 공유리더십을 통해 구성원들과 함께 공동으로 계획 및 조직화를 하여 문제를 해결해 나가면 총제적인 영향력이 발휘된다. 구성원들과 목적을 공유하고, 지원적인 팀 분위기를 만들며 생산적인 의사소통과 발언을 장려하는 것이 리더의 역할이다. 리더는 공유리더십을 발휘하여 집단(팀)의 사회적 자본을 견고하게 만들어가야 한다.

리더는 혼자서 일하는 사람이 아니다. 구성원들의 다양성을 활용하여 함께 목적지로 나아가는 존재여야 한다. '빨리 가려면 혼자 가고 멀리 가려면 함께 가라'라는 말을 가슴에 새기기 바란다.

리더여, 공유의 힘을 믿으라. 진정한 힘은 팀워크에서 나온다.

리더여, 권한을 위임하라
(Empowering leadership)

병든 리더와 조직을 살리는 네 번째 리더십 처방전은 '임파워링 리더십(empowering leadership)'이다. '임파워먼트(empowerment)'는 '부여하다'라는 의미를 가진 'em'과 권력이란 의미의 'power'가 결합된 용어다. 따라서 '권한위임(empowerment)'은 리더가 업무 수행에 필요한 책임과 권한, 자원에 대한 통제력 등을 구성원에게 배분 또는 공유하는 과정을 말한다. 임파워링 리더십은 리더가 권력을 구성원과 공유하고 구성원에게 더 많은 책임과 자율성을 부여함으로써, 구성원의 직무수행에 대해 동기를 향상시키는 리더십이다.

권한위양(delegation) vs 권한위임(empowerment)

당신은 구성원에게 권한을 위양하고 있는가? 아니면 위임을 하고 있는가? '권한위임'을 주제로 경영진, 팀장, 구성원을 인터뷰 해보면 계층 간에 미묘한 차이를 알게 된다. 경영진과 팀장 계층은 '권한위양'을 해왔던 반면, 구성원들은 '권한위임'을 원하고 있었다. 이 두 가지의 차이는 무엇일까?

'권한위양'은 리더가 자신이 해야 할 일이 과도하여 수행이 어려울 때 일의 일부를 부하에게 맡겨서 직무를 완수하게 하는 것이다. 어쩔 수 없이 일을 떠맡기는 경향이 강하다. '권한위임'도 구성원에게 권한을 부여하고 책임감을 가질 수 있게 한다는 점에서는 유사하다. 하지만 '권한위임'은 구성원이 주인공이다. 구성원의 '심리적 동기부여'와 '일을 통한 성장'에 중점을 둔다. 이 점에서 '권한위양'과는 구분되어야 한다. 구성원 관점에서 '권한위양'은 단순한 일의 할당일 뿐이다. 구성원들은 상사가 일을 떠맡기는 것인지, 아니면 자신의 성장을 위한 기회를 주는 것인지 금방 알아챈다.

동기부여 관점의 '권한위임'은 심리적 임파워먼트로서, 구성원들의 자기효능감을 높여 과업이 완수되도록 하는 과정을 말한다.

단순히 구조적으로 권력을 부하에게 배분하는 것이 아니라 구성원이 자기결정권을 느끼고 스스로 직무를 관리할 수 있게 하는 것을 의미한다. '권한위임'이 특히 강조되는 이유는 급변하는 환경에서 언제까지나 리더 한명만 쳐다보고 의사결정을 기다릴 수 없기 때문이다. 고객과 접점에 있는 구성원들은 상황에 따라 신속하고 능동적인 자세로 '위임받은 권한'을 행사할 수 있어야 한다. 그래야 적시에 빠른 의사결정을 할 수 있고 조직이 기대하지 못했던 성과까지 만들어 낼 수 있다.

심리적 임파워먼트 4총사

임파워링 리더십을 정확하게 이해하기 위해서는 동기부여 관점의 심리적 임파워먼트를 이해해야 한다. 심리적 임파워먼트를 이루는 4가지 요소는 다음과 같다.

① **의미성(meaningfulness)** : 일 자체에 대하여 느끼는 가치인식. '왜 이 일을 해야 하는지'를 인식하는 것이 동기부여의 출발점이다.

② **역량감(competence)** : 자신의 일을 효과적으로 수행하는 데 필요한 능력에 대한 개인적 믿음. '작은 성공'을 통해 '할 수 있다'는 자기효능감을 늘 키워준다.

③ **자기결정감(self-determination)** : 일의 방법과 시기를 스스로 결정할 수 있는 주인의식. 내재적 동기부여의 핵심요소이다.

④ **영향력(impact)** : '최종 성과에 얼마나 결정적인 기여를 할 수 있는가?'하는 자기인식. 일의 성과가 소속 팀과 조직을 넘어 사회에 기여할 수 있다는 '사명감'으로까지 발전시킬 수 있다.

임파워링 리더는 구성원에게 직무의 중요성을 일깨워주고, 높은 성과를 낼 수 있을 것이라는 자신감을 늘 심어준다. 이 때 구성원들은 리더를 신뢰하게 되고, 리더와의 관계를 경제적 교환보다는 사회적 교환 관계로 여기게 된다. 결과적으로 구성원들은 리더의 호의에 고마움을 느껴 이에 보답해야 한다는 의무감을 형성하게 된다. 구성원들은 스스로 건설적인 발언 행동이 늘어나고, 성과 향상을 위한 아이디어들을 더 많이 제안하게 된다.

스스로 움직이게 하는 임파워먼트

임파워링 리더십은 '자기결정이론'에 기반하고 있다. '자기결정이론'은 한 개인이 자신의 행동을 주도하고 규제하는 데 있어 스스로가 선택권을 갖고 있다고 지각하는 '자율성'을 강조한다. 즉 일하는 방법, 속도, 노력 등에 대해 스스로 의사결정을 내리는 것이다. 스스로 통제할 수 있다는 인식은 구성원들로 하여금 자신이 목표에 이르는 방법을 정하고, 조직에 더욱 큰 영향력을 미칠 수 있을 것이라는 믿음을 갖게 한다. 결국 임파워링 리더십은 구성원들이 자신의 높아진 자기결정력과 유능함, 영향력을 인지하도록 하고, 조직의 미래에도 참여할 책임감을 느끼게 한다.

임파워링 리더십은 구성원들이 리더의 지시 없이 문제에 대해 해결방안을 독립적으로 찾고 의사결정을 내리도록 유도한다. 이때 구성원들은 재량권을 갖고 독립적으로 행동할 수 있으며 임파워먼트 될 수 있다.

내재적 동기부여

리더의 임파워먼트는 구성원들에게 '내재적 동기부여'를 불러일으킨다. '내재적 동기'는 고유한 만족과 개인적인 즐거움을 위해 활동에 참여하는 것을 말한다. '내재적 동기'가 부여된 사람들은 외부 보상이나 인센티브에 의존하기보다 업무 자체를 수행하는 과정에서 즐거움과 성취감을 찾는다.

'내재적 동기'는 몇 가지 특징을 갖는다. 주요 특징은 ① **개인적 즐거움** : 활동에서 파생되는 고유한 즐거움과 만족에 의해 동기부여, ② **자율성** : 내적 동기는 개인의 관심과 열정에 기반한 활동을 추구할 수 있는 자율성과 자유와 연결, ③ **숙달과 성장** : 새로운 기술이나 지식을 배우고, 개선하고, 개발할 수 있는 기회에 동기가 발생, ④ **내부 만족** : 개인의 주요 보상은 그들이 경험하는 성취감과 개인적 만족감 등이다. 이런 특징으로 인해 내재적 동기부여를 갖는 구성원이 많을수록 조직은 스스로 자율성을 가지고 열정적으로 움직이게 된다.

충주맨 김선태, 스스로 불탄다.

60만 구독 '충TV'만들어 대통령이 극찬한 '충주맨' 김선태를 아는가? '충주맨'을 탄생시킨 충주시장의 (임파워링)리더십에 대해 알아보자.

'충주맨'을 키운 건 조길형 시장이다. 전권을 주고 일절 간섭 안한다. 김선태 주무관은 핫 이슈에 충주 홍보를 절묘하게 얹은 재치가 일품이다. 삼성 이재용 회장의 '쉿!' 영상을 패러디해 충주 공설시장을 단 12초 만에 홍보했다. 판다곰 푸바오로 분장해 충주산 대학찰옥수수를 생으로 뜯어 먹고, 백종원을 흉내 내 충주시 축제를 암행 감찰한 영상은 MZ세대의 배꼽을 쥐게 했다.

그를 키운 건 다름 아닌 조길형 충주시장의 믿고 맡기는 (임파워링) 리더십에 있다. 7급 주무관에게 전권을 주고 판을 깔아주었다. 팀장, 과장 등 직속상관들은 이게 무슨 홍보 영상이냐며 공격할 수 있었지만 시장이 방패막이가 되어 준 것이다. 시장의 실패한 정책을 방송해도 허용해 준다. 경부선에서 제외돼 주목받지 못하는 충주를 알릴 수 있다면 기꺼이 '밥'이 되겠다는 의지였다.

한 명의 주무관이 이런 성과를 내는 것은 그에게 심리적 임파워먼트를 한 시장의 역할이 컸다. 일의 '의미'와 '할 수 있다'는 '자신감'을 선사해준 것이다. 무엇보다도 일의 방법과 시기를 스스로 결정할 수 있는 '자기 결정감'을 통해 주인의식을 갖게 했다. 이를 통해 일의 결과가 좋아지고 자신이 하는 일의 '영향력' 까지 확인되니 스스로 불을 태울 수밖에 없는 것이다.

어머니의 고등어 리더십

어머니는 늘 사랑하는 아이에게 잘 구운 고등어의 몸통을 내어 준다. 머리와 꼬리는 어머니의 몫이다. 경영에 비유하면 리더는 머리와 꼬리를 맡고 구성원들에게 가운데 토막을 과감히 내어 주는 것이다. 생선의 머리는 전략, 방향성, 방침이다. 생선의 몸통은 권한, 실행, 성과, 인정이다. 꼬리는 장애제거, 누수현상 체크, 마무리, 의사결정이다. 생선의 좋은 부위(몸통)은 구성원에게 위임하고, 골치 아픈 머리와 꼬리는 리더의 몫으로 하는 것이다. 이것이 임파워링 리더십이다.

리더는 구성원들과 함께 전략의 방향성을 정하고, 실질적인 업무는 구성원들이 자율적으로 할 수 있도록 과감하게 권한을 위임해야 한다. 리더의 몫은 업무 추진과정에서 장애를 제거해주고 필요한 자원을 끌어다 주는 것이다. 그리고 일의 누수현상이 없는지, 하자는 없는지 확인하고 챙기는 마무리 투수와 같은 존재가 되어야 한다.

일의 올바른 방향을 정하고 의미를 부여하라. 할 수 있다는 자신감을 심어주라. 그리고 스스로 결정하고 추진할 수 있도록 용기를 북돋우라. 그리고 얼마나 큰 기여를 했는지 인정하고 지지하라. 성과를 내는 것은 구성원들의 몫이다.

리더여! 과감하게 위임하라!

리더여, 올바름을 추구하라
(Ethical leadership)

윤리적 리더가 필요한 이유

병든 리더와 조직을 살리는 다섯 번째 리더십 처방전은 '윤리적 리더십(ethical leadership)'이다. 리더는 왜 윤리적이어야 하는가? 리더가 높은 위치로 갈수록 윤리적 리더십이 요구되는 이유는 무엇인가? 리더가 윤리적이어야 하는 이유는 여러 가지가 있다.

① **조직의 방향성 설정** : 리더는 조직의 방향성을 설정하고, 조

직의 가치와 목표를 결정하는 역할을 한다. 윤리적 리더는 조직의 방향성과 가치를 윤리적인 원칙에 기반하여 설정하고, 이를 조직 구성원들과 공유하며 실천해야 한다.

② 조직 구성원의 모범 : 리더는 조직 구성원들에게 모범이 되는 존재다. 윤리적 리더는 조직 구성원들에게 윤리적인 행동의 모범을 보여주며, 윤리적인 가치를 실천하는 모습을 보이는 사람이다.

③ 조직 문화의 형성 : 리더는 조직 문화를 형성하는 역할을 한다. 윤리적 리더는 조직 내에서 윤리적인 행동이 존중되고 장려되는 문화를 형성한다. 또한, 조직 구성원들이 윤리적인 행동을 실천할 수 있는 환경을 조성해야 한다.

④ 조직의 지속 가능성 : 윤리적 리더십은 조직의 지속 가능성에 긍정적인 영향을 미친다. 윤리적인 리더십은 조직의 명성과 신뢰를 향상시키며, 이는 조직의 지속 가능성을 높이는 데 기여한다.

⑤ 사회적 책임 : 리더는 조직의 사회적 책임을 다하는 역할을 한다. 윤리적 리더는 조직의 사회적 책임을 인식하고, 이를 실천하기 위해 노력한다. 이는 조직의 명성과 신뢰를 향상시키며, 사회적으로 긍정적인 영향을 미치는 데 기여한다.

도덕적 인간 & 도덕적 관리자

구성원들로부터 윤리적 리더로 인정받기 위해서는 '도덕적 인간(moral person)'이면서 동시에 '도덕적 관리자(moral manager)'의 면모를 갖추어야 한다. 도덕적 인간이란, 리더가 스스로 정직성, 진실성, 신뢰성, 개방성, 존중, 원칙 있는 의사결정 등의 윤리적 속성을 갖춰야 한다는 뜻이다. 도덕적 관리자란, 리더가 보상, 규율, 소통, 그리고 윤리의 중요성을 구성원들에게 소통하고 윤리기준을 설정하며, 그 기준에 맞춰 구성원들이 윤리적 책무감을 갖도록 관리하는 행위를 의미한다. 윤리적 리더는 스스로 윤리적 인간이면서, 구성원들이 윤리적으로 행동하도록 관리하는 사람이라고 볼 수 있다.

윗물이 맑아야 아랫물이 맑은 이유 : 사회적 학습이론

리더의 윤리적 리더십이 중요한 이유는 사회적 학습이론(social learning theory)에 있다. 리더가 모델링을 통해 구성원의 윤리적 행위에 영향을 미친다고 보는 입장이다. 사회적 학습이론이란, 반두라(Bandura)에 의해 주창된 개념으로서 개인의 성격이나 심리적인 특성이 다른 사람들의 행동 혹은 상황을 관찰하고 모방함으로써 학습될 수 있다는 이론이다.

리더의 비윤리성은 사회적 학습이론 관점에서 중요한 이유가 있다. 리더의 비윤리적인 행동은 조직 내 다른 구성원들에게 모방의 대상이 될 수 있으며, 이는 조직 내 비윤리적인 행동의 확산을 초래할 수 있다. 사회적 학습이론은 보상과 처벌이 행동의 강화 또는 억제로 이어진다고 주장한다. 리더의 비윤리적인 행동이 제재 받거나 처벌받지 않는다면, 다른 구성원들은 이를 모방하고 비윤리적인 행동을 더욱 자주 보일 수 있다. 하나의 썩은 사과가 모든 사과를 병들게 하는 원리와 같다.

이로 인해 리더의 비윤리적인 행동은 조직 내 다른 구성원들의 도덕적 정체성 형성에 영향을 미친다. 리더의 비윤리적인 행동을 모방하고 따르는 구성원들은 자신의 도덕적 정체성을 형성하는 과정에서 부정적인 영향을 받게 되는 것이다.

리더의 윤리적 책임과 의무

리더가 구성원들에게 수단과 방법을 가리지 말고 목표를 달성하라고 지시하는 경우, 구성원들은 비도덕적 행동도 불사하면서 성과를 달성하고자 할 것이다. 무리한 성과달성에 대한 압력은 구성원들의 비도덕적 행동을 부추기는 결과를 초래하게 된다. 리더십은 구성원들의 사고와 행동에 영향을 미치기 때문에 도덕적 차원을 가지며, 이로 인해 윤리적 책임을 동반한다는 것을 잊어서는 안 된다. 또한 의사결정 권한과 함께 리더가 가져야 할 중요한 의무는 자신의 권한을 공공의 이익을 위해 (윤리적으로) 사용해야 한다는 것이다.

'도덕적 인간'을 넘어 '도덕적 관리자'까지

2024년 6월 일본 국토교통성은 도요타자동차를 비롯해 혼다, 마쓰다, 스즈키, 야마하 등 5개 업체의 자동차 성능 시험에서 부정행위를 발견했다고 발표했다. 세계 1위 완성차 업체인 도요타자동차도 품질 인증(형식 지정)을 취득하는 과정에서 부정행위를 저질렀다는 것이다. 도요타의 인증 조작은 전방위적으로 이뤄졌다. 국토성은 생산 모델에 대해 출하 정지를 지시했고, 도요타는 공장 두 곳의 생산라인 가동을 중단하기로 했다.

도요타의 부정행위는 이번이 처음이 아니다. 2022년 상용차 자회사인 히노자동차가 20년 동안 배기가스와 연비 데이터를 조작해온 사실이 드러났다. 2023년 말엔 경차 전문 자회사 다이하쓰공업에서, 2024년 초엔 디젤 엔진을 납품하는 도요타자동직기에서 인증 부정이 발각됐다. 끝이지 않는 '비정도 경영'의 원인은 무엇일까?

전문가들은 일방적으로 밀어붙인 '효율 경영'이 문제의 원인이라고 지적한다. '적시 생산(JIT)' 등 고객 주문에 따라 자동차를 만드는 '도요타 생산 방식(TPS)'은 높은 생산 효율로 유명하다. 원래 TPS는 이상 징후가 나타나면 작업자가 곧바로 생산라인을 멈추는 '안돈'으로 불리는 시스템을 갖추고 있다. 그러나 세계 1위 달성에 급급한 나머지 목소리를 내 문제를 바로잡는 '자정작용(自淨作用)'이 이뤄지지 않았다는 분석이 나온다. 앞서 히노자동차 등에 대한 조사에서도 효율 경영 뒤에 가려진 짧은 개발 일정, 상사에게 '못 하겠다'고 말할 수 없는 조직 문화 등이 문제로 지적됐다.

윤리적 리더는 개인의 '윤리성·도덕성'뿐 아니라, 조직과 구성원들이 정도경영과 윤리적 행동을 할 수 있는 '시스템'과 '문화'를 만들 수 있어야 한다. 도요타 회장은 머리 숙여 사과했다. "도요타그룹 책임자로서 소비자 등 모든 이해관계자에게 진심으로 사과 말씀을 드립니다. 정말 죄송합니다." 도요타 회장은 '도덕적 관리자'로서 역할을 제대로 못했기 때문이다. 윤리적 리더는 '도덕적 인간'을 넘어 '도덕적 관리자'까지 되어야 한다.

욕구(欲求) vs 욕망(欲望) vs 욕심(欲心)

'욕구'는 무엇을 얻거나 무슨 일을 하고자 바라는 일이다. '욕구'는 보편적이고 중립적이다. 인간은 누구나 생존과 안전에 대한 욕구가 있다. 또한 소속감과 성장에 대한 욕구를 넘어 자아실현 욕구까지 추구한다. 인간의 생존과 행복을 위해 당연히 추구해야 할 감정이다. 욕구가 있었기 때문에 조직은 성장하고 문명은 발전할 수 있었다.

하지만 중립적인 '욕구'는 무언가를 탐하면서 '욕망'이 생겨난다. 한 개인이나 집단이 '자기 중심성'과 '자기 이익'만을 추구하면 '욕구'는 '욕망'으로 변질되기 시작한다. '욕망'은 '욕심'에서 비롯되기 때문이다. '욕심'은 분수에 넘치게 무엇을 탐내거나 누리고자 하는 마음이다. 리더가 자신이나 자기조직의 이익만을 추구하게 되면 '욕심'이 생겨나게 되고, 순수했던 '욕구'는 '욕망'으로 변질되어 버린다. '욕망'에 기반한 리더는 쉽게 비윤리성과 유혹에 빠지게 된다. 자신과 자기조직만 성공하면 되기 때문이다. 이런 리더에게 윤리성이 뒷전이 되는 것은 당연한 일이다.

리더의 윤리성을 지켜주는 백신, 신념(信念)

리더의 위치에 오르게 되면 유혹의 그림자가 많이 덮치게 된다. 자신과 자기 조직만 성공하면 된다는 반칙과 편법의 유혹, 계약을 성사시키기 위해 수단 방법을 가리지 않는 뇌물의 유혹, 부하직원 쯤은 함부로 대할 수 있다는 인격무시 유혹, 젊은 이성을 탐하고자 하는 성적인 유혹 등 너무 많다. 이 때 리더의 윤리성을 지켜주는 백신(vaccine)이 필요하다. 바로 리더의 '신념(信念)'이다.

'신념'은 자신의 생각과 행동의 원칙이다. 이 원칙이 신조(creed)가 되는 것이다. 이런 사람에게는 도덕적 원칙(principle)이 있으며, 자신의 언행에 대한 확신(conviction)이 있다. 어떤 일이 발생했을 때 상황윤리나 주변의 의견에 따라 흔들리지 않는다. 자신만의 분명한 신조와 원칙이 있기 때문이다. 리더는 자신만의 '신념'을 반드시 가져야 한다. 리더에게 '신념'이 중요한 이유는 무엇일까?

'신념'은 리더의 판단과 행동의 기준이 된다. '신념'이 뚜렷할수록, 리더는 여러 상황 속에서도 일관된 의사결정을 할 수 있다. 유혹의 상황이 와도 자신만의 원칙이 있으므로 넘어지지 않는다.

'신념'은 구성원들에게도 긍정적인 영향을 미친다. 리더가 '유혹'의 상황에서도 좌고우면(左顧右眄)하지 않고 원칙에 의해 조직을 이끌 것이라고 믿기 때문이다. 구성원들도 '사회적 학습'에 의해 리더의 신념을 따라 원칙에 의해 행동하게 된다. 이렇듯 리더의 '신념'은 구성원들에게 바른 방향성과 옳은 일을 한다는 자부심까지 제공할 수 있다. 결론적으로, 리더의 '신념'은 조직의 방향성과 의사결정, 팀원들의 '일하는 원칙'에 큰 영향을 미친다. 리더라면 '신념'이라는 백신을 정기적으로 맞아두기 바란다.

뉴스페이퍼 테스트(newspaper test)

어떤 상황에서 윤리적으로 판단이 어려울 때 '뉴스페이퍼 테스트'를 해보기 바란다. 뉴스페이퍼 테스트는 당신의 언행이나 의사결정 사항이 당신의 이름, 사진과 함께 신문의 1면을 장식해도 문제가 없는지를 스스로 평가해보는 것이다. 당신이 한 행동이 방송을 통해 TV에 나왔을 때, 사랑하는 가족들과 함께 볼 수 있다면 스스럼없이 해도 된다. 반대로 가족이 보기에 부끄럽다면 절대 하지 않기를 바란다. 소중한 사람들에게 당신의 어떤 모습을 보여줄 것인가?

리더가 윤리적이어야 하는 이유는 리더의 언행이 조직의 성공과 지속 가능성, 그리고 사회적 책임에 대한 인식과 실천에 큰 영향을 미치기 때문이다. 따라서 조직은 윤리적 리더십을 강조하고, 윤리적 리더를 발굴하고 지원하는 노력을 기울여야 한다. 윤리적 리더십이 전제돼야 구성원들의 공감과 열망을 불러일으킬 수 있다. 리더에 대한 신뢰와 존경은 충성심을 이끌어내기 위한 필수조건이기 때문이다.

신독(愼獨). '홀로 있을 때에도 도리에 어그러짐이 없도록 몸가짐을 바로 하고 언행을 삼가다'라는 말이다.

리더여! 올바름을 추구하라. 누군가는 보고 있다!

리더여, 리더를 육성하라 (Super leadership)

'열정적인 양(羊)'을 만드는 리더십?

병든 리더와 조직을 살리는 여섯 번째 리더십 처방전은 '슈퍼리더십(super leadership)'이다. 리더십 하면 '나를 따르라' 소리치는 카리스마를 가지고 있는 영웅, 혹은 비전을 통해 변화를 가져오는 변혁적 리더를 떠올린다. 하지만 미국의 경영학자 만츠(Charles Manz)와 심즈(Henry P. Sims)는 이러한 전통적인 견해에 의문을 제기한다.

카리스마적인 영웅이나 변혁적 리더는 리더 자신의 비전을 조직 구성원들에게도 소유하게 하고 이를 고취시킬 수 있으나 조직의 구성원들은 '열정적인 양(羊)'이 되는 위험을 안게 된다는 것이다. 최근 각광받고 있는 비전과 카리스마를 가진 탁월한 리더가 가지고 있는 '잠재적인 덫'이라고도 볼 수 있다. 이런 리더가 부각되면 될수록 조직의 구성원들은 리더를 더욱 의존하게 되고 자신의 존재감은 사라진다. 심지어 리더가 조직을 떠나게 되면 그 조직은 붕괴되기까지 한다.

이러한 한계를 극복하기 위해 만츠(Manz)와 심즈(Sims) 교수는 다른 사람들로 하여금 스스로를 리드하도록 이끄는 리더십, '슈퍼리더십(super leadership)'을 제안하였다. 슈퍼리더십은 구성원들로 하여금 효과적으로 자신을 이끌어 가도록 이들의 잠재력을 극대화시키는 리더십이라 할 수 있다.

슈퍼리더십 이론에서 리더의 역할은 조직구성원 개개인으로 하여금 '셀프리더십'을 갖출 수 있도록 가르치고 이끄는 것이다. 리더가 슈퍼리더십을 효율적으로 실천할 수 있는 과정을 만츠(Manz)와 심즈(Sims)는 다음의 7단계로 설명하고 있다.

1단계-리더가 먼저 셀프리더가 되어 보인다.

2단계-셀프리더십 모델을 정립하고 구성원들이 학습하도록 한다.

3단계-구성원들 스스로가 목표를 설정하도록 유도한다.

4단계-구성원들에게 긍정적인 사고방식을 갖도록 가르친다.

5단계-건설적인 코칭을 통해 셀프리더십을 배양하도록 한다.

6단계-그룹 활동을 통해 셀프리더십을 함양하도록 한다.

7단계-조직 내 셀프리더십 문화를 조성해 활성화 하도록 한다.

가장 중요한 부분은 리더 스스로가 '셀프 리더'의 표본이 되는 것이다. 정립된 표본을 구성원들이 학습하고 스스로 목표를 정하며 긍정적 사고방식을 갖도록 해야 한다. 여기서 리더는 지속적인 코칭을 통해 후원적 역할에 충실해야 한다. 팀 활동을 통해 사회적 관계도 성장할 수 있도록 도와야 한다. 이러한 활동이 조직문화로 자리 잡게 되면 구성원들은 '의존적 존재'에서 '독립된 인격체'로 발전하게 된다.

참여와 임파워먼트를 넘어 '주체적 존재'로

이와 같이 슈퍼리더십은 구성원들의 '셀프리더십'을 자극하고 촉진하여 이들의 잠재능력을 최대한 이끌어 내는 리더십이다. 여기서 '셀프리더십'은 성과를 위해 필요한 '자기 방향설정'과 '자기 동기부여'를 획득하기 위해 스스로에게 영향력을 발휘하게 만든다. 구성원이 자신에게 스스로 명령하고 지시함으로써 자기 스스로 높은 성과를 올리도록 이끌어주는 자율적인 힘을 뜻한다.

셀프리더십은 참여와 임파워먼트를 넘어서는 개념으로 자신을 변화시키고 스스로 성장할 수 있게 한다. 또한, 조직이 무엇을 해야 하고, 왜 해야 하며 또 그것을 어떻게 할 것인지를 알 수 있게 해준다. 리더십의 목표는 의존적인 또는 순종적인 구성원을 만드는 것이 아니다. 슈퍼리더십은 구성원을 '주체적 존재'로 승화시켜 준다는 점에서 큰 의미를 부여할 수 있다.

후배들에게 '꿈'과 '길'이 되어주는 리더십

'세리 박 챔피언십' 2024년 3월 25일. 미국 LPGA 투어에서 한국 선수 이름을 내세운 첫 대회가 열렸다. 주최자 박세리는 '선수 시절부터 꿈꿔온 영광'이라고 했다. IMF 경제위기에 있었던 시절, 박세리 선수는 1998년 US여자오픈 '맨발 샷'으로 한국 국민에게 감동과 자부심을 안겼다. 이후로도 꾸준히 활약하며 25승을 달성했고 명예의 전당에 올랐다.

'세리 박 챔피언십' 대회를 앞두고 열린 기자회견에서 그녀는 개최 배경을 설명하면서 꿈이 나 자신만의 꿈이라고 생각했지만, 사실 내 꿈은 다른 누군가의 꿈이 실현될 수 있게 해주는 것이라는 깨달음을 전했다. 그녀가 미국 무대에 도전해 선수 생활을 한 것 자체가 그 자신은 물론이고 가족과 지인, 팬들과 유망주들 꿈을 현실로 이뤄낸 것이었다. 박 선수는 은퇴 후에도 주니어 대회 등을 열면서 더 많은 선수에게 더 많은 기회를 만들어 주려고 애썼다. 어린 선수들 각자가 품은 꿈을 이루는 것이 곧 박세리 자신의 꿈이기 때문이다.

세계 투어 통산 64승을 거둔 신지애 프로골퍼도 '세리 박 챔피언십'에 초청 선수로 출전했다. 18세 때 박세리와 처음 같은 조에서 경기하기 전날 떨리는 마음에 한숨도 못 잤던 기억을 꺼냈다. 그녀는 박세리가 우리에게 '길'을 선물했다고 했다. 누구도 가지 못한 영역에서 박세리 선수는 먼 미래의 후배들에게 '길'을 예비해 준 것이다. 불모지 같았던 미국 LPGA에서 선구자와 같이 후배들에게 '꿈'과 '길'이 되어준 박세리 선수는 진정한 '슈퍼리더'라고 할 수 있다.

리더와 구성원의 '공명(共鳴)'

이와 같이 리더의 꿈과 구성원의 꿈이 긴밀하게 연결되어 있다면 '공명(共鳴)현상'이 일어난다. '공명'은 '함께 운다'는 뜻으로, 남의 사상이나 감정, 행동 등에 깊이 공감하여 자기도 그와 같이 따르려는 것이다. 이러한 '공명(resonance)현상'을 물리적인 관점에서 보면 의미가 더욱 커지게 된다. 물리학에서 '공명현상'이란 특정의 고유 진동수를 지닌 물체가 그와 같은 진동수를 가진 힘을 주기적으로 받을 경우 '진폭과 에너지가 크게 증가하는 현상'을 가리키며, '공진(共振)'이라고도 한다. '공명현상'으로 다리가 무너지거나 건물이 흔들릴 정도로 큰 영향을 미친 사례가 발생하기도 한다.

이처럼 리더와 구성원이 함께 꿈을 꾸고, 구성원이 독립된 '셀프리더'로 자랄 수 있도록 성심을 다하게 되면 양자간 '진폭과 에너지가 크게 증가하는 현상'이 일어나게 된다. 이를 통해 성장한 구성원은 자신의 리더를 뛰어 넘는 '청출어람(靑出於藍)'이 되어 있을 것이다. 한자 뜻 그대로 '푸른색은 쪽에서 나왔지만 쪽빛보다 더 푸른' 경지에 이르게 된다. 자신이 육성한 후배가 더 멋진 리더가 되어 조직과 사회에 이바지하고 있다면 그 얼마나 가치 있는 일이겠는가? 이처럼 '슈퍼리더'는 구성원을 자신보다 더 나은 '주체적 존재'로 승화시켜 주는 사람이다.

리더의 솔선수범, 또 다른 리더를 낳는다.

'슈퍼리더'는 구성원이 비전을 갖게 하고, 더 배울 동기를 부여하고, 더 나은 성과를 내게 하고, 더 좋은 사람이 될 수 있도록 돕는 사람이다. 당근과 채찍을 사용하거나, 말로써 가르치는 것은 한계가 있다. 리더가 직접 몸으로 보여주는 것, 리더가 먼저 솔선수범하는 것이 최고의 리딩 방법이다. 구성원들은 리더의 말 보다는 행동을 보고, 리더의 헌신을 보고 따라간다.

중국의 철학자 노자는 "최고의 리더는 궁극적으로 리더가 필요치 않도록 사람들을 도와주는 리더."라고 강조했다. 리더에게 의존하는 '열정적인 양(羊)'이 아니라 스스로 주체적으로 길을 갈수 있는 '셀프리더'를 육성하기 바란다. 구성원을 주체적 셀프리더로 육성하는 슈퍼리더야 말로 진정한 리더라고 할 수 있다.

리더여! (미래를 만들어갈) 리더를 육성하라!

리더여, 변화를 추구하라
(Transformational leadership & Issue leadership)

변화주도 쌍두마차, 변혁적 리더십 & 이슈 리더십

병든 리더와 조직을 살리는 일곱 번째 리더십 처방전은 '변혁적 리더십(transformational leadership)'과 '이슈 리더십(issue leadership)'이다. 두 이론 모두 '변화'를 주제로 하고 있다.

우선 '변혁적 리더십'부터 소개한다. 변혁적 리더십은 조직의 근본적 변화를 통하여 고단위 성과향상을 추구하는 것이다. 변혁적 리더십은 4가지의 구성요소로 이루어져 있다.

① **영감적 동기부여(inspirational motivation)** : 구성원들에게 비전이나 사명감을 제시하며, 자긍심을 고취시킨다. 조직 구성원들 간에 공유된 비전을 실현하는데 최선을 다하도록 동기를 유발하고, 의욕을 끊임없이 고무시킨다.

② **이상적 역할모델(idealized role-model)** : 리더가 엄격한 윤리규범과 모범행동으로 존경과 신뢰를 제공한다. 리더 스스로 솔선수범하고 신념과 원칙에 의해 행동한다. 이로 인해 구성원들이 자신의 리더를 믿고 따르겠다는 마음을 갖도록 한다.

③ **지적자극(intellectual stimulation)** : 현상에 대해 새로운 관점을 갖도록 자극하고, 새로운 신념이나 가치관을 갖도록 한다. 구성원들의 적극적이며, 창의력 있는 의사결정 참여를 권장한다. 또한 독립적인 사고로 문제를 직시하며, 자신들의 미래에 대한 희망과 리더와의 일체감을 형성하도록 격려한다.

④ **개별적 배려(individual consideration)** : 리더가 구성원들에게 개별적인 관심을 보여주며, 그들을 독립적인 존재로 대우하고 지도하며 조언한다. 자신의 편의를 위해 구성원을 '집단'으로 대하지 않는다. 구성원 개개인별 특성을 이해하고 그들이 가진 장점을 강화하고 활용한다.

변혁적 리더십은 매슬로우의 욕구 5단계설에서 출발한다. 매슬로우는 생리적 욕구, 안전욕구를 저차원 욕구라고 하고, 소속욕구, 자존욕구, 자아실현욕구를 고차원 욕구라고 정의하였다. 변혁적 리더는 저차원 욕구에 얽매어 살아가는 사람들이 고차원 욕구를 추구하도록 마음 속 가치체계를 변혁(transform)시키는 리더를 일컫는다.

이와 같이 변혁적 리더십은 새로운 미래를 창조하고자 주도적으로 노력하며, 구성원들의 열정과 몰입 및 자발성을 이끌어내는 리더십이다. 변혁적 리더는 구성원들로 하여금 장래의 비전의 공유를 통해 그들의 몰입도를 높인다. 이를 통해 그들이 당초 생각했던 것보다 훨씬 높은 목표를 달성할 수 있도록 동기를 부여해 주는 리더를 말한다.

다음은 실용주의 리더십의 만능키트, '이슈 리더십'이다. 이슈 리더십은 도전적이고 가치 있는 이슈를 창안하고, 조직 구성원에게 공감대를 형성하여 참여시키며, 이슈를 실행할 수 있도록 지원함으로써 성과를 만들어내는 과정이다. '이슈(issue)'란 구성원들의 주의(attention)를 이끌어내도록 만드는 자극(stimulus)으로서 경영 현장에서는 구체적인 기회, 문제, 아이디어 등이 될 수 있다.

이슈리더십은 리더의 주도적인 행동과 성과 지향적인 관점을 갖는다. 즉, 리더가 혁신하려는 과업이나 이슈의 프로세스를 스스로 적극적으로 주관하는 것이 특징이다. '이슈리더'는 선제적이고 주도적이다. 환경의 변화 속에서 리더가 무엇을 해야 하는지 아는 사람이다.

이슈리더십은 이러한 특성으로 인해 어느 조직에서든지 적용이 가능하다. 구성원이 어떤 가치관을 가지고 있든지, 어떤 상황(평상시, 위기상황)에서든지 적용할 수 있다는 점이 큰 장점이라고 할 수 있다.

이슈리더십은 3차원으로 구성되어 있다.

① **이슈창안** : 경영 환경에서 중요하다고 판단되는 이슈를 창안하는 행동.

② **오디언스 몰입** : 창안된 이슈를 관련된 구성원들(오디언스)에게 그 중요성을 설득하고 동참과 몰입을 이끌어내는 행동.

③ **이슈실행** : 이슈를 성공적으로 실행하기 위한 효과성 있는 실천 시스템을 구축하는 행동.

이슈리더십의 이러한 특징을 실제 조직운영에 적용하면 다음과 같다. 첫째, 리더가 발휘하는 이슈창안 행위는 구성원들의 인식과 생각에 영향을 주는 사회적 단서 역할을 하게 된다. 복잡 다변한 환경 가운데서 새로운 단서(cue)와 아이디어를 찾아서 제안하는 리더에게서 구성원들은 인지적인 자극을 받게 된다. 기존과 다른 새로운 아이디어와 방법에 적응하기 위하여 구성원들 간에는 '자발적 교류'가 발생하게 된다.

둘째, 리더의 오디언스몰입 행위는 구성원들에게 '이 이슈가 왜 중요한지'에 대한 가치와 의미를 공감하게 만든다. 이로써 구성원들에게는 성과 달성을 위해 자발적으로 행동하려는 내재적인 동기부여가 촉진될 수 있다. '내재적 동기'가 발현된 구성원은 스스로 움직이게 된다. 일의 '목적'과 '방향', '의미'를 알고 있기 때문이다.

셋째, 리더의 이슈실행 행위는 구성원들에게 실제적인 지원과 실행 시스템을 제공해줌으로써 과업이 성공하도록 돕는 것이다. 이를 통해 구성원들은 집단에 소속된 정체성을 느끼게 되고 성과 달성에 요구되는 적극적인 행동을 하게 된다. '이슈리더'는 심리적 지원만 하는 존재가 아니다. 과업의 실천과정에서 발생하는 장애물을 극복할 수 있도록 실질적인 도움을 준다.

이와 같은 리더의 '이슈창안→오디언스몰입→이슈실행'의 프로세스와 사이클을 통한 성과 창출은 이슈리더십이 가지고 있는 가장 중요한 차별성이라고 할 수 있다.

변혁적 리더십과 이슈리더십의 공통점과 차이

변혁적 리더십이 추상적인 반면, 이슈리더십은 현실적, 현장 중심적, 구체적이다. 전자가 미래의 비전에 초점을 둔 대신에 후자는 현실의 기회나 문제에 초점을 둔다는 차이가 있다. 하지만 중요한 공통점은 두 리더십 모두 '변화에 대한 능동적 대처'이다. 환경을 읽고 단서를 찾아 비전/이슈를 제시하는 것, 구성원들에게 동기를 부여하여 몰입시키는 것, 성과창출까지 완성해가는 특성은 맥락이 같다. 조직(팀)이 처한 상황에 따라 변화를 주도할 리더십 스타일을 선택하는 것을 추천한다.

'변화'를 '모방불가성(in-imitability)' 영역까지

미국의 온라인 신발 쇼핑몰로 유명한 자포스(Zappose)에 대한 이야기를 하고자 한다. 자포스의 CEO 토니 셰이는 핵심가치 중 '변화'를 늘 강조해왔다. 키워드는 '변화에 적응하자'가 아니라 보다 적극적으로 '변화를 수용하고 주도하자(Embrace and Drive Change)'이다.

셰이 CEO는 성장하는 회사는 항상 변화해야 한다고 믿었다.

대기업에서 일하던 사람들은 끊임없이 변해야 한다는 것이 낯설게 느껴질 것이다. 이런 변화에 준비되어 있지 않다면 자포스에 적응하기 힘들 수도 있다. 그는 변화를 두려워하지 않을 뿐 아니라, 항상 변화를 꾀하고 새로운 것들을 받아들이라고 늘 강조했다.

이러한 변화는 어느 부서에서든 일어날 수 있으며 대부분은 조직의 최전선에서 시작된다. 조직의 최전선은 고객과 접점에 있는 현장이다. 고객의 니즈는 항상 변하고, 경쟁사의 서비스 또한 늘 개선되고 있기 때문에 현 상황에 안주하거나 만족할 수 없다는 것이다. 역사적으로 문제가 생긴 기업은 대부분 변화에 재빨리 대응하지 못한 것이 원인이었다. 그런 전철을 밟지 않기 위해서는 끊임없이 '변화'하고 '도전'해야 한다는 것은 피할 수 없는 명제다.

셰이 CEO는 '변화'를 '모방 불가성(in-imitability)'의 영역까지 끌어올린다. '모방 불가성'이란 무엇인가? 새로운 상품이 인기를 끌면 금세 유사품이 나오게 된다. 시스템과 제도도 마찬가지다. 자사의 실정에 맞는지도 모르면서 모방하여 도입을 하곤 한다. '모방 불가성'이란 경쟁사가 쉽게 따라할 수 없는 무형의 가치를 말한다. 경쟁자들이 아이디어를 베낄 수는 있겠지만 직원들의 의식, 문화, 그리고 가치는 베낄 수는 없다. 자포스의 '모방할 수 없는 경쟁력'은 상품이나 서비스가 아니라, 끊임없는 변화를 통해 만들어내는 구성원들의 '의식'과 '조직문화'일지도 모른다.

끊임없이 변화해야 하는 이유

리더가 정말 어려운 이유는 환경이 늘 변한다는 것이다. 최근 급변하는 상황을 맞이하고 있는 유통시장을 예를 들어보자. 모든 오프라인 매장에 공통적으로 주어진 미션은 '변화'다. 급성장하는 온라인과 모바일에 대응해 살아남기 위해서는 '변화'가 필수다. 온라인에 맞서 경쟁력을 높이고, 오프라인만의 강점도 갖춰야 한다. 변화하지 않으면 생존경쟁에서 밀려난다. 온라인 서점에 밀려 동네 서점이 사라진 것이 대표적이다. 이런 변화는 국내와 해외를 가리지 않는다.

125년 역사를 가진 전통 있는 미국 백화점 체인 '시어스'가 파산신청을 하고, 회생 절차를 밟은 것은 세계 유통업계에 큰 충격을 줬다. 앞서 2017년에 미국 장난감 유통 공룡 토이저러스가 파산 신청을 한 것도 충격이 컸다.

온라인 공세에 대응하지 못하면서 '서킷시티'가 문을 닫았고, '라디오쉑'도 파산 신청을 했다. 미국 1위 가전유통인 베스트바이도 고전하다 '변화'를 통해 겨우 위기를 극복했다. 베스트바이 전략은 온라인에 대응해 가격을 낮추고, 체험형 매장으로 변신하며 온라인과 차별화한 것이었다.

자포스가 '변화를 수용하고 주도하자(Embrace and Drive Change)'를 핵심가치로 삼은 것은 의미가 크다. '변화를 포용하고(embrace), 능동적으로 끌고 가자(drive)는 것이다. 이는 환경을 피하지 않고 변화에 직면하는 자세다. 자포스는 끊임없는 변화를 통해 경쟁사가 따라 올 수 없는 모방 불가성(in-imitability)과 경쟁력을 확보하기 위해 전력을 다했던 것이다.

'변해야 살아남는다'는 이야기는 리더 개인만의 문제가 아니다. 능동적으로 변화를 추구하지 않으면 리더가 이끄는 회사, 조직, 팀이 역사의 뒤안길로 사라지는 것은 너무나 자명한 일이다.

리더여! 변화를 포용하고, 능동적으로 끌고 가라!

어시스트 리더십, 구성원이 성과(GOALS)를 만든다

어시스트 리더십(Assist Leadership)이란?

앞에서 우리는 병든 리더가 보이는 주요 탈선현상(derailment)을 알게 되었다. 그리고 그러한 병리현상을 치유할 수 있는 7가지 리더십 처방전을 살펴보았다. 리더십 처방전은 사회과학 연구와 오랜 임상실험에 근거한 '리더십이론'에 기반하였다. 다시 한 번 정리하자면, 7가지 리더십 처방전의 핵심요소는 아래와 같다.

① **진정성을 가져라** (Authentic leadership : 진성리더십)

② **의미와 목적으로 무장하라** (Spiritual leadership : 영성리더십)

③ **동료의식을 가져라** (Shared leadership : 공유리더십)

④ **권한을 위임하라 (E**mpowering leadership : 임파워링 리더십)

⑤ **올바름을 추구하라 (E**thical leadership : 윤리적 리더십)

⑥ **리더를 육성하라 (S**uper leadership : 슈퍼리더십)

⑦ **변화를 추구하라 (T**ransformational & Issue leadership :
변혁적&이슈리더십)

위의 7가지 리더십 처방전의 이니셜을 한 단어로 연결하면 바로 'ASSEEST' 즉, '어시스트 리더십'이 된다. (음을 차용하여, 'Assist Leadership'으로 명명함.)

시대의 베스트셀러였던 '성공하는 사람들의 7가지 습관'처럼 7가지 리더십 이론의 핵심요소는 '어시스트 리더십'에 내재되어있다. 어시스트 리더십은 MZ세대와 함께 4차 산업시대를 맞이하고 있는 오늘날의 리더들에게 의미 있는 통찰력을 제시해줄 것이다. 더불어 이 시대에 맞는 새로운 리더십 패러다임을 제공해 줄 것이다.

이제는 더 이상 '나를 따르라'식의 권위주의적, 수직적 리더십을 요구하지 않는다. 4차 산업시대는 창의와 혁신을 요구하고, 구성원들은 M세대를 지나 Z세대까지 편입되고 있다. 이들에게 일은 단순한 '노동'이나 '밥벌이'가 아니다. MZ세대 구성원들은 일의 '의미'와 '목적'을 추구한다. 무엇보다도 일을 통한 '가치' 인식과 '성장'이 이들을 움직이는 원동력이 될 것이다.

MZ세대가 원하는 리더, 어시스터(assistor)!

MZ세대가 원하는 리더는 어떤 모습일까? MZ세대는 무엇보다 '조직'보다 '개인 성장'이 더 중요한 세대다. 그들의 사전에서 '평생직장'은 없다. 더 나은 직업, 더 나은 생활을 위해 지금 다니고 있는 회사에서 일하는 동안 '성장'해야 한다는 생각을 강하게 가지고 있다.

다양한 기업의 MZ세대 구성원과 함께 일해보기도 하고, 대학에서 많은 MZ 학생들을 만나 보았다. 직군에 상관없이 그들이 원하는 리더십에는 공통점이 있었는데, 바로 조직 목표와 자신의 목표를 '연결'해주는 리더십이다. 회사에서 최고의 성과를 낼 수 있도록 '도와주고', 이를 통해 승진과 인센티브까지 받을 수 있도록 '이끌어 주는' 리더를 최고의 리더라고 생각한다.

이처럼 MZ세대는 자신의 꿈과 비전을 위해 그들이 현재 회사 내에서 해야 하는 일, 해내야 하는 일, 하고 싶은 과업들을 '연결' 해 주는 리더를 원한다. 중요한 것은 '그 과업이 나에게 어떤 '도움'을 주는가?', '나의 '성장'과 '성공'에 어떤 영향을 주는가?'였다. MZ세대와 함께 일하고 있는 리더는 이 질문에 답할 수 있어야 한다.

MZ세대 구성원도 조직 목표의 중요성은 이미 잘 알고 있다. 다만 그 목표를 달성해 가는 과정에서 조직이 원하는 일만을 실행하는 것이 아니라 구성원 개개인이 원하는 일을 할 수 있도록 '기회'를 주는 리더, 구성원의 '성장'과 '성공'에 진심으로 관심을 갖고 함께 이야기 나누고 고민해 주는 리더의 모습을 원하고 있었다.

MZ세대가 원하는 새로운 리더십은 세 가지로 요약할 수 있다.

① 조직목표와 구성원의 목표를 '연결'해주는 리더.

② 조직에서 최고의 성과를 낼 수 있도록 '도와주는' 리더.

③ 구성원 개개인이 원하는 일을 할 수 있도록 '기회'를 주고, '성장'을 돕는 리더. 바로 '어시스터(assistor)' 역할이다.

어시스트 리더는 구성원을 통해 '골(GOALS)'을 넣는다.

진정한 리더는 자신이 골을 넣으려는 주인공이 아니다. 새로운 리더십은 구성원과 조직이 성과를 만들고 지속적인 성장을 할 수 있도록 도와주는 '어시스트(assist) 역량'을 요구한다.

어시스트 리더는 선한 목적을 추구하며(Good purpose-oriented), 구성원을 주인으로 만들어(Ownership) 스스로 주도적으로 일하도록 돕는다(Autonomy). 어시스트 리더는 정원사의 마음으로 구성원과 조직의 장기적인 성장을 지원한다(Long term-growth). 마지막으로 어시스트 리더는 구성원이 영혼 있게 일하도록 함으로써 스스로 삶과 인생의 주인공이 되도록 돕는다(Soulful partner).

어시스트 리더는 단순히 돕는(helping) 사람이 아니다. 구성원이 실질적인 성과 즉, 득점(scoring a goal)을 할 수 있도록 이끄는 역할이다. 축구의 공격형 미드필더, 농구의 가드, 배구의 세터와 같은 존재다. 경기 전체의 상황과 판세를 읽고 공격수가 득점을 할 수 있도록 실제적인 찬스를 만들어준다. 공격을 당할 때에는 적극적으로 수비에 가담하여 위기를 극복하고 팀을 구하기도 한다.

조직과 리더가 추구하는 지속가능한 성과, 즉 '골(GOALS)'은 구성원이 넣는다. 리더는 구성원이 골을 넣을 수 있도록 방향을 제시하고 찬스를 만들며 돕는 어시스터가 되어야 한다. 어시스트 리더가 만들어 가는 5단계의 가치 있는 영향력을 만나보도록 하자.

어시스트 리더는 선한 목적을 지향한다
(Good purpose-oriented)

올바른 목적과 방향성을 가지고 있는가?

'목적지가 있는 배는 항해를 하는 것이고, 목적지가 없는 배는 표류를 하는 것이다'라는 말이 있다. 리더가 가져야 할 첫 번째 질문은 구성원들과 함께 '항해를 하고 있는지' 아니면 방향성을 잃고 '표류하고 있는지'이다. 당신이 이끌고 있는 조직은 올바른 목적과 방향성을 가지고 있는가? 리더 자신 뿐 아니라 구성원들과 함께 진지하게 물어야 할 가장 중요한 질문이다.

'재앙'을 뜻하는 영어단어 'disaster'의 어원을 보면 '목적'과 '방향'의 중요성을 발견할 수 있다. 'disaster'는 'dis'(사라진다)+'aster'

(별)로 이루어져 있다. 나침반이 발달하기 전 뱃사람들과 사막여행객에게는 '별'이 '방향'을 알려주는 생명줄이었다. 이 별이 보이지 않고 사라진 것을 옛 사람들은 '재앙'이라고 인식한 것이었다. '별이 사라진다'라는 'disaster' 어원처럼 조직이 존재해야 할 '이유'와 '방향'이 없는 것은 '재앙'과 다름없다.

구성원들은 일의 의미와 목적이 궁금하다

앞서 직장인에 대한 슬픈 사실을 이야기했다. '최선을 다해 임무를 수행하는 직원은 전체의 30%의 불과하다'는 것이었다. 다른 연구에서도 이와 비슷한 결과가 나타난다. 직원들 중 70%는 자신이 하는 일이 회사의 목표를 이루는 데 도움이 되지 않는다고 생각한다. 그리고 과반이상의 직원은 자신이 하는 일이 그다지 중요하지 않다고 인식한다.

한 가지 재미있는 현상은 90% 이상 직원들이 작년보다 올해 더 많이 일했다고 응답을 한다는 것이다. 거의 모든 직원이 작년보다 더 많이 일하고 있지만, 정작 자신의 일이 조직의 목표에 부합되는지 모르겠다는 것이다. 도대체 조직에서 일을 한다는 것이 무슨 의미를 가지고 있을까? 업무의 '목적'이나 '의미'도 모른 채 상사가 시키는 일을 '해치우고'있는 셈이다. MZ 구성원들은 일이 많은 것도 불만이지만, '의미 없는 일' 또는 '목적을 알 수 없는 일'에 더 참을 수 없어한다.

미국의 한 글로벌 보험사의 설문조사 결과도 이와 유사하다. 이 회사는 매년 전 세계 조직원들을 대상으로 설문조사를 하는데 최근 업무 만족도가 역대 최저를 기록했다. 특히 질레니얼세대(밀레니얼과 Z세대 경계에 태어난 사람)의 만족도가 전 세대 중 최저였다. 이들의 가장 큰 불만은 '자신이 하는 업무의 목적을 모르겠다'는 것이었다. '일의 정체가 무엇인지', 그 일이 도대체 '무엇을 위한 일인지' 알 수 없다는 것이 이유였다. 특히 이들이 이직을 할 때 반드시 고려해야 할 조건으로 '의미 있는 일'을 꼽았다.

최근 기업마다 젊은 직원들의 이탈 문제가 심각하다. 이들의 이탈에는 여러 이유가 있겠지만 정체성 이슈가 그 핵심에 있다. 리더가 제대로 된 의사소통 없이, 어떤 맥락에서 해야 하는 업무인지에 대한 설명 없이 특정 업무를 맡기면 구성원 입장에서는 그 일의 정체를 몰라 3요 (이걸요? 제가요? 왜요?) 하면서 묻는 것이다. 하고 싶지 않은 일을 왜 해야 하는지 모른 척하다 보면 번아웃이 찾아오고 이직을 고려하게 된다. '일의 목적'이 중요한 이유다.

당신이 가져야 할 단 하나, 목적의식

생산성이 높은 조직은 '목적의식'에 의해 일을 시작하고 그것을 나침반과 같이 이용한다. 그리고 '목적의식'의 안내에 따라 구성원의 행동을 좌우할 '우선순위'를 정한다. 이것이야말로 남다른 성과로 가는 가장 빠른 지름길이다. 생산성이 높은 조직은 '목적의식'과 '우선순위'에 대한 생각이 분명하고, 또다시 역으로 '목적의식'과 '우선순위'는 구성원들이 높은 생산성을 발휘할 수 있도록 이끌어준다.

어시스트 리더십은 구성원들 마음속에 나침반을 심는 일이다. 구성원 한 명 한 명 가슴에 심겨진 나침반은 끊임없이 '진북(眞北)'을 가리킨다. 그 '진북'은 조직이 나가야 할 '목적'이자 '지향점'이다. 리더가 더 이상 관여하지 않아도 구성원들이 자신들이 나아갈 방향을 잃지 않는다. 조직이 가야 할 길과 자신이 해야 할 역할을 이미 알고 있기 때문이다.

목적의 올바름

여기서 중요한 한 가지를 놓쳐서는 안 된다. 바로 '목적의 올바름'이다. 조직과 구성원이 지향해야 할 목적이 리더의 '사욕'에 기반을 두어서는 안 된다. 사욕(私慾)은 자기 한 개인의 이익만을 꾀하는 욕심이며, 사욕(邪慾)은 바르지 못한 잘못된 욕망이다. 구성원들은 리더가 왜 프로젝트를 추진하려고 하는지, 왜 이 일을 지시하는지 자명하게 알고 있다. '리더 개인의 입신양명을 위한 일'인지, '조직과 구성원의 성과와 발전을 위한 일'인지 구분 못하는 구성원은 없다.

어시스트 리더는 진정성을 가지고 '왜 이 일을 해야 하는지' 상황과 배경을 설명한다. 또한 이 일의 완성이 '조직에 어떤 기여를 하는지', '구성원은 이를 통해 어떻게 성장할 수 있는지' 공감대를 만드는 사람이다.

'목적의식'이란 '우리는 어디로 가는가?' 그리고 '우리에게 중요한 것은 무엇인가?'를 합쳐 놓은 질문이다. '우리가 누구인지', '우리가 어디로 가고 싶어 하는지'가 곧 우리의 하는 일과 성취하는 바를 결정짓는다. 목적의식에 따라 사는 삶은 그 무엇보다도 강력하고 그 무엇보다도 행복하다.

또한 '목적의식'은 스스로 정한 길에서 벗어나지 않게 하는 강력한 접착제와 같은 역할을 한다. 자신이 하는 일이 목적의식에 부합할 때 구성원들의 삶은 리듬을 타듯 수월하게 움직일 것이다. 그들의 발걸음은 머릿속과 가슴 속에서 들려오는 소리와 일치하기 때문이다.

배경음악과 춤이 일치하지 않으면 어떤 일이 일어날까? 배경음악은 조직의 '목표'와 '방향성'으로, 춤은 구성원의 '책임'과 '역할'로 대입해 볼 수 있다. 이 두 요소가 일치하지 않으면 무대 위의 배우들은 혼란스러워한다. 춤도 제대로 출 수 없고, 음악에 감정을 싣는 것도 기대할 수 없다. 엇박자난 춤을 통해 무엇을 보여줄 수 있겠는가?

리더는 자신과 조직이 '지금 어디로 가고 있고, 최종적으로 어디를 지향하는지, 어떤 가치를 만드는지' 분명히 설명할 수 있어야 한다. 선한 목적을 공유한 구성원들은 흔들릴 수는 있지만 늘 '자신만의 진북(眞北)을 지향하는 나침반'을 가슴에 품게 된다. 리더는 개인의 사욕이 아니라 '선한 목적'을 추구해야 한다. '선한 목적'만이 구성원과 조직을 올바른 길로 인도할 것이다.

어시스트 리더십은 주인의식을 낳는다
(Ownership)

주인의식 = 주인을 의식하는 마음?

수처작주(隨處作主). 어느 곳이든 가는 곳마다 주인(主人)이 되라는 뜻이다. '주인의식'은 기성세대 리더가 교장 선생님 훈화 말씀처럼 지겹도록 하는 이야기다. 하지만 MZ세대에게 '주인의식'이 뭐냐고 물어보면 '주인을 의식하는 마음'이냐고 비꼬듯 답변한다. '주인'이라고 하는 불편한 책임감이 부담스러웠을까? '주인'으로 존중받지도 못하는 조직문화 속에서 '주인의식'을 강요받고 싶지 않은 MZ세대의 반항심인지도 모른다.

MZ세대 구성원들 사이에 '조용한 퇴사(quiet quitting)'라는 말이 유행처럼 번진다. 요즘 세대는 언제든 회사를 그만둘 생각으로 직장 생활을 한다는 의미로 받아들여진다. 조용한 퇴사는 조용히 회사를 그만둔다는 의미가 아니다. '일을 그만 두겠다'는 의미보다는 '일에 자신의 열정을 투자하는 마음을 그만 두겠다'는 의미에 가깝다. 중요한 것은 열정에 투자하는 마음을 '그만두는 원인'이다. 그 원인은 개인에게 있는 것이 아니라 조직 환경에 있는 경우가 더 많다. 회사가 자신의 성장에 도움이 되지 않는다고 판단하거나, 지금 하고 있는 일이 자신과 맞지 않다고 인식하는 것이 문제다.

어느 구성원의 인터뷰 내용도 이와 유사하다. "파편화된 업무 분장으로 코끼리 다리를 만지는 장님이 된 느낌이에요. 상사들은 일은 시키지만 권한은 주지 않아요. 그러니 시키는 것만 소극적으로 하는 거죠. 주인의식이요? 하인처럼 시키는 것만 제대로 하라고 핀잔 듣는 데 그런 마음이 생길까요?"

구성원들이 자신의 일에 '주인의식'을 갖지 못한 채, '자신의 열정을 투자하는 마음을 그만 두겠다'며 조용한 퇴사를 선택하는 이유는 무엇일까? '회사가 자신의 성장에 도움이 되지 않는다'는 생각뿐 아니라, 스스로 '일의 주체'가 되지 못하게 하는 리더십의 문제다.

권한과 책임, 임파워링(empowering)

어시스트 리더는 구성원들에게 '주인의식'을 심어준다. 어시스트 리더는 구성원들을 '임파워링(empowering)'하기 때문이다. 어시스트 리더는 스스로 권력을 구성원과 '공유'하며, 구성원에게 더 많은 '책임'과 '자율성'을 부여한다. 또한 일의 '방법'과 '시기'를 스스로 결정할 수 있는 '자기결정감(self-determination)'을 제공한다.

이뿐 아니라 어시스트 리더는 구성원에게 직무의 '중요성'을 일깨워주고, 높은 성과를 낼 수 있을 것이라는 '자신감'을 늘 심어준다. 이로 인해 구성원들은 스스로가 일의 주인인 것처럼 건설적인 발언 행동을 늘리고, 성과 향상을 위한 아이디어들을 더 많이 제안하게 된다.

위임 vs 방임

임파워링과 관련하여 한 가지 유의할 점이 있다. 바로 구성원들이 주인이 될 수 있도록 적극적 '위임'을 하되 '방임'이 되어서는 안 된다. 리더는 '위임'과 '방임'을 어떻게 구별해야 할까?

방임은 리더가 부하직원들에게 적절한 지도와 지원을 제공하지 않고, 그들의 행동과 성과를 무시하거나 방치하는 것을 의미한다. 방임은 리더로부터 심리적, 물리적 지지와 도움을 받을 수 없다. 당연히 동기 부여가 부족하고 발전 기회를 얻지 못한다. 중간에 난관에 부딪혔을 때, 방향성을 잃었을 때 리더에게 SOS를 보낼 수도 없다. 방임적인 리더십은 리더의 신뢰도를 손상시키며, 팀 내 협력과 협업까지 저해한다. 중심을 잡아주어야 할 리더가 없으니, 당연히 조직은 좌충우돌한다.

반면에, 위임은 리더가 구성원들에게 업무 수행에 대한 권한과 책임을 부여하고, 스스로 업무를 수행하도록 돕는 것이다. 리더는 업무수행 과정에서 심리적 지원과 자원적 지원을 아끼지 않는다. 일의 권한은 위임하되 늘 곁에서 존중과 인정, 지지하는 마음을 놓치지 않는다. 어려운 상황이 오더라도 리더가 늘 '기댈 곳'이 되어 준다.

주인의식 3총사 : 존중(尊重), 인정(認定), 지지(支持)

어시스트 리더는 늘 구성원에 대한 인정과 지지의 마음을 견지한다. 리더의 인정과 지지는 구성원들이 조직에 대한 주인의식을 가지고 일할 수 있도록 돕는다. 리더가 구성원들의 업무 수행에 대한 인정과 지지를 보여주면, 구성원들은 자신의 업무와 조직에 대한 책임감을 느끼고, 자신의 일처럼 열심히 일하게 되어 있다.

더불어 어시스트 리더는 구성원들의 아이디어와 의견을 존중하고, 이를 조직에 반영하는 노력을 보인다. 당연히 구성원들은 자신의 아이디어와 의견을 적극적으로 제시하고, 조직에 대한 주인의식을 가지게 된다. 자신들의 역할이 조직의 성과에 긍정적 영향을 미치고 있다는 것을 인식하게 되면, 구성원들은 말 그대로 '물아일체(物我一體)' 경험하게 된다. 자연스럽게 일의 주인이 되는 것이다.

구성원을 주인으로 참여시켜라

'주인의식'과 관련하여 '일본항공'을 파산 위기에서 2년 만에 살려낸 이나모리 가즈오의 '아메바 경영'을 주목할 필요가 있다. 아메바 경영은 전 직원이 경영에 참여하고 있다는 의식을 갖게 해 경영자의 시각으로 업무를 바라볼 수 있도록 하는 것이다. 직원들이 업무에서 주요 임원이 되고, 자주적으로 경영에 참여하는 등 '전원 참가 경영'을 실현한 것이다.

또 다른 사례는 '이랜드이츠'가 도입한 '전 매장 BP(Best Practice) 경진대회'이다. 직원들은 본인의 매장에서 실행해 효과를 본 것을 발표하고, 결과가 좋은 부분을 다른 직원들에게 자랑하는 대회다. 좋은 사례는 전 매장에 적용하고 동시에 확산한다. 이런 과정들은 브랜드 전체를 한 단계 향상시켜 준다. BP 경진대회는 단순히 경영자가 혼자서 조직을 이끌어 나가는 것이 아니라, 직원들의 적극적 참여를 끌어내고 아이디어를 확산하도록 한 실질적인 사례다.

직원들을 움직이게 하고 몰입하게 만드는 데는 다양한 방법이 있을 것이다. 중요한 것은 몰입도가 높은 직원들은 '돈'과 '보상'이 아니라 '권한'과 '책임'을 통한 '성공 경험'으로 주인의식을 갖게 된다는 것이다.

어시스트 리더가 부여한 위임(권한과 책임) 그리고 리더가 견지하고 있는 구성원들을 향한 마음(인정, 지지, 존중)은 구성원들에게 주인의식을 심어주기에 충분하다. 구성원이 조직에 대한 주인의식을 가지고 일할 때, 조직의 성과와 혁신성, 그리고 구성원의 직무만족도와 조직몰입도 등이 높아지는 것은 당연한 결과일 것이다.

어시스트 리더는 구성원들이 '주인을 의식하는 마음'이 아니라 진정한 '주인의식'을 심어준다. 직원을 '하인'으로 만들 것인가? 아니면 '주인'으로 대우할 것인가? 그것은 리더의 역할에 달려있다. 구성원들이 일의 '주인'이 될 수 있도록 어시스트하기 바란다.

어시스트 리더십은 스스로 움직이게 한다
(Autonomy)

X이론 vs Y이론

당신은 어떤 안경을 통해 구성원들을 바라보는가? X이론은 성악설(性惡說)이고, Y이론은 성선설(性善說)을 뜻한다.

X이론 리더의 안경은 아래와 같다.

①사람은 본래 일하기 싫어하고 될 수 있으면 일을 피하려 하며,

②그렇기 때문에 통제, 감시, 위협을 가해야 목표달성이 가능하고,

③책임지려 하지 않고 지시를 기다리며,

④일에 대한 의욕이 없다고 믿는다.

Y이론 리더의 안경은 이와는 다르다.

①사람은 본래 일을 좋아하며,

②스스로 일을 찾아서 수행하고,

③자신의 일에 책임을 지려 하므로,

④자율성을 주고 권한을 위임해주면 조직을 위해서 헌신적으로 일하다는 믿음을 갖는다.

'리더가 어떤 안경을 통해 구성원들을 바라보는 것이 옳은가?'라는 질문에 쉽게 답을 하기는 어려운 문제다. 사업의 규모, 환경, 직원수준 등이 모두 다르기 때문이다. 이 질문에 대한 해답을 찾기 위해 동기부여 이론을 잠시 빌려오고자 한다.

외재적 동기부여 vs 내재적 동기부여

리더의 동기부여 관련하여 '자기결정성 이론(self-determination theory)'을 이해할 필요가 있다. 자기결정성 이론은 인간행동의 원천이 '내면'인가, 아니면 '외부'인가에 초점을 맞춘다. 이 이론은 인간의 동기는 개인이 완전히 내적 통제(예: 흥미, 즐거움, 호기심)에 의해서 행동할 때 가장 높으며(=내재적 동기부여), 내적인 이유가 전혀 없는 상태에서 순전히 외적인 통제(예: 강제, 평가, 인센티브)에 의해서 행동하게 되었을 때 제일 낮다(=외재적 동기부여)는 명제에서 출발한다.

행동통제의 5가지 유형

완전한 외부통제에서 완전한 내면통제까지 5단계의 수준이 있다.

① **외부통제 단계** : 의미 없이 보상이나 지시, 법규 때문에 해야 하는 단계

② **표면적 내면통제** : 체면이나 자존심 때문에 하는 단계

③ **동일시 내면통제** : 자신이 궁극적으로 추구하려는 목적을 달성하는데 있어서 주어진 일이 도움이 된다고 생각해서 하는 단계

④ **통합적 내면통제** : 주어진 일의 필요성 뿐 아니라 그 일의 가치를 자신의 다른 내면가치와 일체화시킨 상태로 하는 단계

⑤ **내면통제** : 행동이 외적인 자극이 전혀 없이 완전히 자신의 자율적 결정에 의해서 이뤄지는 단계

많은 연구에서 개인의 자율통제감(즉, 내면통제)이 높을수록

성과, 학습, 자신감, 웰빙, 건강에 있어 더 좋은 결과를 산출하는 것으로 나타나고 있다. 당신이 리더라면 '외부통제'에 의존하겠는가? 아니면 구성원의 '내면통제'에 불을 지피겠는가?

'연산적 업무' vs '발견적 업무'

행동과학자들은 직장의 업무나 학교의 수업을 크게 두 가지로 분류한다. 바로 '연산적 유형'과 '발견적 유형'이다. '연산적 유형'의 일이란 정해진 기존 지침에 따라 한 가지 방법으로 한 가지 결론에 도달하는 일을 의미한다. '발견적 유형'의 일은 이와 정반대다. 그 일을 해결할 수 있는 연산적 방법이 없기 때문에 그 일을 맡은 사람은 여러 가능성을 실험해보고 새로운 해결책을 만들어내야 한다.

많은 연구자들은 (창의성을 요구하는) '발견적 업무'에는 외적 보상이 오히려 해로운 영향을 미칠 수 있다고 주장한다. 이를 '창의성의 내재동기 원리'라고 한다. '내재동기'는 창의성을 유도하지만, 통제적인 '외재동기'는 오히려 창의성에 해가 된다는 이야기다.

챗GPT 등 AI(인공지능)가 우리 곁에 바로 와 있고, 4차 산업시대를 맞이하고 있는 이 시대에 더 이상 '연산적 유형'의 일은 생존하기 어렵다. 창의성을 바탕으로 혁신과 민첩성이 요구되는 4차 산업시대에 성과를 만들기 위해서는 '내재적 동기부여'를 통해 구성원의 '자율성'을 극대화해야 한다.

'정답' vs '해답'

변화하는 환경 속에서 조직이 성과를 만들기 위해서는 '정답'을 찾아야 하는가? 아니면 '해답'을 찾아야 하는가? 당신이 리더라면 무엇을 요구할 것인가? '정답'과 '해답' 둘의 차이는 무엇인가?

정답은 객관적으로 옳은 답을 의미하고, 해답은 문제를 푸는 과정에서 도출된 결과나 해설을 의미한다. 정답은 객관적인 사실이므로 대개 하나의 답만 존재한다. 해답은 문제 해결 과정에서 도출된 주관적인 결과이므로 여러 개의 답이 생성될 수 있다. 예를 들어, 수학 문제에서 정답은 항상 하나의 정답이 존재하지만, 해답은 문제를 푸는 과정에서 다양한 방법과 단계를 거쳐 도출될 수 있다.

이를 경영과 리더십에 적용해보면 어떤가? 조직이 주어진 과업을 성공적으로 수행하고 경쟁우위를 차지하기 위해서는 '정답'이 아니라 '해답'이 필요하다. 구성원들에게 '정답'을 채근해서는 안 된다. 객관적인 사실인 '정답'은 경쟁자도 모두 알고 있다. 모방 가능한 답은 해결책이 아니다. 위에서 언급한 '연산적 유형'의 답과 같다.

리더는 구성원들에게 '자율성'을 제공하고, 함께 '해답'을 찾아가야 한다. '해답'은 영어로 'solution'이다. 구성원들에게 신뢰와 자율성을 부여하면, 그들은 '솔루션'을 찾기 위해 스스로 다양한 방법과 수단을 고민한다. 팀원끼리 자발적 교류가 일어나고, 협업·융합·통섭행위가 창발하게 된다. 말 그대로 남들이 모르거나 하지 아니한 것을 처음으로 또는 새롭게 밝혀내거나 이루어낸다. '자율성'을 통해 생성된 답이 '발견적 유형'의 답이다. 이 시대가 필요로 하는 진정한 '해답'이다.

꿈의 직장 '제니퍼소프트'의 비결

구성원의 '자율성'과 '동기부여'에 관련하여 한 기업의 사례를 소개하고자 한다. 기존 조직문화의 패러다임을 깨는 회사 운영으로 '꿈의 직장'이라 불리는 '제니퍼소프트'의 이원영 대표 사례다.

제니퍼소프트는 회사에 수영장과 사우나 시설이 있다. 업무시간 내에 직원들끼리 수영하고 스파를 즐기는 것을 권장한다. 사내 식당도 호텔 쉐프 출신이 운영한다. 어린이집 가기 싫어하는 자녀가 있으면 데리고 와서 함께 근무하기도 한다. 대표이사 사무실도 따로 없다. 직원들이 쓰는 사무실 한 쪽에 직원들과 똑같은 책상하나가 이원영 대표 자리다.

한참 일해야 할 오후 2시 빈자리가 많은 사무실을 보면서 누군가가 묻는다. '직원들이 없으면 불안하지 않으냐고.' 하지만 이 대표는 '전혀 그렇지 않다'고 한다. 직원들을 위해 분위기 좋은 카페를 만든 사람이 이원영 대표다. 키즈룸, 수영장도 마찬가지다. 업무시간에 이 모든 장소에서 놀 수 있도록 만든 회사대표. 그의 철학은 무엇일까?

이 대표는 직원들이 회사에서 좀 놀아도 된다고 생각한다. 일반 회사에서는 말도 안 되는 소리다. 하지만 이 대표는 다르게 생각한다. 직원들은 다들 '잘 먹고 잘 살고 행복하고 즐거우려고 직장에 와 있다'는 것이다. 인간이 자신의 역량과 능력을 가장 열정적으로 발휘할 수 있는 기본적인 전제 조건은 '자율성'이라고 강조한다. 그 속에서 행복을 누릴 수 있다는 것이 그의 논리다.

제니퍼소프트는 국내 APM(Application Performance Management : 어플리케이션 성능 관리) 시장에서 10년 넘게 부동의 1위를 지키고 있다. 2005년 1월 설립 이래 약 20년간 오롯이 APM 한 분야만 집중해왔다. 영업이익이 '예술'이다. 매출 대비 50%가 넘는다.

이원영 대표는 '이윤 추구의 극대화가 기업의 목표라면 사람한 명 한 명이 수단이 되고 비용이 된다'고 우려했다. '돈을 버는 것이 전부가 아니라면 그 외의 것은 뭐냐'라는 질문을 계속 해왔다고 한다. 결국 기업의 목표는 '구성원들과 함께 나누고 더불어 살아가고 행복해지는 것'이라는 결론에 이르렀다고 한다. 그가 특히 강조하는 것은 구성원들과의 '신뢰'다. 구성원들을 믿고 '자율성'을 부여하는 '신뢰'가 제일 중요하다는 것이다.

어시스트 리더십은 'Y이론'을 지지한다. 구성원들은 '스스로 일을 찾아서 수행하고, 책임을 지려하므로, 자율성을 주고 권한을 위임해주면 조직을 위해서 헌신적으로 일한다는 믿음'을 갖는다. 이원영 대표의 믿음대로 어시스트 리더는 인간이 자신의 역량과 능력을 가장 열정적으로 발휘할 수 있는 기본적인 전제 조건은 '자율성'이라고 믿는다. 구성원들에게 '내재적 동기'를 불러일으키고 '자율성'을 심어준다면 조직은 '스스로' 움직이게 되어 있다.

어시스트 리더십은 장기적으로 성장시킨다
(Long-term growth)

정비사 리더 vs 정원사 리더

당신은 '정비사형' 리더인가? 아니면 '정원사형' 리더인가?

'망치를 들고 있으면 모든 게 못으로 보인다'라는 말이 있다. 이를 리더십 관점에서 보면 '정비사형' 리더는 모든 구성원을 고치려고 한다는 말과 상통한다. 구성원의 단점과 부족한 면만 보고 망치를 든 사람처럼 구성원을 수리하려고만 한다. 이러한 리더는 직원이 뜻대로 되지 않으면 '사람은 고쳐 쓰는 거 아니다'라는 폭력적인 말을 내뱉는다. 구성원을 '존재'로 보지 않고 '수단'이나 '도구'로 보기 때문이다. 누가 누구를 고친다는 말인가?

반면에 '정원사형' 리더는 어떠한가? 정원사형 리더는 한손에는 비료, 한손에는 가위를 들고 식물의 성장을 돕는다. 잘 자라도록 물과 영양분을 주고, 벌레도 잡아준다. 잘못 자란 가지는 가위로 잘라서 나무 전체가 올곧게 자라게 만든다.

어시스트 리더는 정비사가 아니라 정원사의 마음으로 구성원의 성장을 돕는다. 정비사가 고치는 것은 '생명이 없는 사물'이고, 정원사가 키우는 것은 '생명을 갖는 존재'이기 때문이다.

MZ세대 직장인의 행복은 어디에서 오는가?

직장인 열 명 중 일곱 명은 '번 아웃'(과도한 업무로 인한 정서적 탈진)을 경험한 적이 있다고 한다. 이러한 탈진 현상은 '이직 의도'로 이어진다. 아니나 다를까 직장인 절반 이상은 지속적으로 이직을 시도한다고 한다. 그렇다면 직장인들은 언제 행복감을 느끼게 될까?

표면적인 조사 결과에서는 대부분 연봉이나 사내 복지 등 외재적인 요인을 많이 거론하지만, 실제 MZ 구성원들을 만나보면 '일을 통한 성장'에서 행복감을 느낀다는 의견이 많다. MZ세대 직장인의 직무 만족도에 가장 큰 영향을 미치는 두 가지 요소는 '업무 의미감'과 '상사와의 관계'였다. '업무 의미감'은 회사 일이 직장인 본인에게도 의미가 있고 일을 통해 본인이 '성장'하는 느낌을 갖는다는 뜻이다. MZ세대에게는 '사내 복지'나 '워라밸'도 중요하지만 '업무 의미감'과 '성장'이 무엇보다도 중요한 요소라는 것이다.

MZ세대의 최우선 가치는?

과거 고도 성장기에는 회사의 성장이 개인의 성장과 거의 동일시됐다. 그래서 자신의 생활 대부분을 회사에 바치고, 상사의 지시에 순응하면 회사의 성과와 성장에 대한 열매를 나누어 가질 수 있었다. 회사에 대한 충성이 곧 자신에 대한 충성인 셈이었다. 그런데 시대가 변했다. 저성장기 회사의 성장은 개인의 성장을 담보할 수 없게 됐고, 회사의 목표와 개인의 목표는 괴리가 심해졌다. 회사에 대한 충성이 개인의 성공적인 삶을 보장할 수 없게 된 것이다.

MZ세대가 '조용한 퇴사(quite quitting)'를 하는 원인이 무엇일까? 바로 회사가 자신의 '성장'에 도움이 되지 않는다고 판단하기 때문이다. MZ세대가 업무를 통해 추구하는 최우선 가치는 '성장'이다. 직장은 그들에게 즐거움과 자아실현의 무대가 돼야 한다. 그들은 단순히 재미있는 일을 하는 것 이상으로 일을 통해 더 나은 사람이 되고자 한다. MZ세대는 이기적인 것이 아니라 조직보다 자신의 '성장'을 추구하는 성향이 있을 뿐이다. 그렇다면 리더는 '성장'을 최우선 가치로 여기는 구성원들에게 어떤 존재가 되어야 하는가? 사례를 통해 리더의 역할을 생각해 보자.

구성원의 '성장'을 연구하는 '닥공'

프로축구 1부(K리그1) 광주 FC 이정효감독이 주목을 받고 있다. 2023년도 2부 리그에서 1부 리그로 승격한 투지의 팀을 이끌고 있다. 광주 선수단 연봉 총액은 12팀 중 최하위다. '다들 하위권에서 맴돌다 다시 2부로 떨어지겠거니' 우습게 봤다. 그런데 12팀 중 3위로 마쳤다. 최근엔 방송인 유재석이 축구 지도자 중에선 이정효 감독을 존경한다고 해서 화제가 되기도 했다.

이정효 감독은 프로 선수 생활을 10년 했지만 부상 등에 시달리며 화려한 기록을 남기진 못했다. 그러나 지도자로선 달랐다. 절박함이 그를 바꾼 것이다. 경쟁 팀과 비교하면 명성이 떨어지는 선수들을 데리고 어떻게 '성장'시킬 것인가 종일 연구한다. 그의 숨은 비결이다.

24시간 운영하는 카페. 선수들을 집중해서 연구하는 아지트다. 그는 선수 개인마다 어떤 게 부족하고 어떤 기술을 연마해야 하는지 연구해서 알려준다. 그의 노트북은 선수들 장단점과 상대편 강약점, 경기 분석과 복기 등이 **빽빽**하게 저장된 보물 1호다. 그의 밑에서 단련되어 지난 월드컵 예선에서 국가 대표로 데뷔한 정호연은 공을 받는 위치, 왜 그 위치에 있어야 하는지 너무 많은 걸 가르쳐주신다며, 처음 경험해 보는 타입의 지도자라고 고마움을 표시한다.

이정효 감독은 '닥공'의 대명사로 통하기도 한다. '닥치고 공격' 그리고 '닥치고 공부'다. 감독이란 선수들의 '성장'을 위해 끊임없이 공부하는 사람이라는 뜻이다. 한 조직의 리더라면 구성원들을 어떻게 육성해야하는지 보여주는 사례다.

구성원의 잠재력을 끌어내는 리더의 힘

여성 첫 경마 300승 달성 '김혜선 기수' 이야기다. 밤낮 말과 함께 달리며 호흡하여 중하위권 말을 우승마로 바꾸는 마법사와 같은 기수다. 김 기수는 트랙 위에서 줄(고삐) 하나로 말과 교감하며 그들의 잠재력을 끌어내는 게 기수의 역할이라고 강조한다. 스타트가 좋은 말, 막판 뒷심이 좋은 말 등 저마다 다른 말의 능력을 파악해 전략을 짜는 것이 좋은 성적의 비결이라고 한다.

최근 김 기수와 함께 대회에 참가하며 주목받는 경주마 '글로벌히트'는 처음부터 주목받던 말이 아니었다. '글로벌히트'는 거칠게 다그치기보다는 섬세하게 달래줬을 때 최고의 기량을 발휘한다는 것을 그녀는 알고 있었다. 말의 잠재된 능력을 극한으로 끌어내 우승했을 때의 희열은 말로 표현하기 어렵다고 한다. 중위권 이하라는 평가를 받던 '글로벌히트'와 함께 김 기수는 대상 경주 우승을 네 번이나 달성했다. 김혜선 기수는 리더가 어떤 모습으로 구성원들을 성장시켜야 하는지 보여주는 좋은 본보기다. '구성원의 잠재력을 극한치 끌어내는 것'이 바로 리더의 힘인 것이다.

장기적 관점의 성장

MZ세대가 업무를 통해 추구하는 최우선 가치는 '성장'이다. 여기서 리더가 명심해야 할 내용이 있다. 구성원을 '장기적 관점'으로 육성해야 한다는 것이다. 많은 리더들이 자신들의 목적을 달성하기 위해 구성원을 단기에 키워서 '써 먹으려는' 잘 못된 태도를 보이곤 한다. 당신은 구성원을 '재목(材木)'으로 여기고 한 그루의 큰 나무로 키워 가고 있는지, 아니면 자신의 일을 시키기 위한 '하룻밤 땔감' 같이 여기고 있는지 생각해 보기 바란다.

이솝 우화에 나오는 '황금알을 낳는 거위'를 생각해 보라. 하루에 한 개씩 황금알을 낳아주는 거위가 있었는데, 욕심 많은 주인은 끝내 거위의 배를 갈랐다. 하루에 한 개씩 황금알을 낳으니까 거위의 배에 황금알이 가득 들어있을 것으로 생각한 거다. 주인은 단번에 큰 부자가 되고 싶었다. 정말 거위의 배에는 황금알이 가득 들어있었을까? 천만에. 거위의 배에는 생기다만 작은 거위알만 몇 개 들어있었을 뿐이다. 조급한 마음에 구성원의 배를 가르는 우를 범하지 않기를 바란다.

모죽(毛竹) 이야기

대나무 중에 최고로 치는 '모죽'은 씨를 뿌린 후 5년 동안 아무리 물을 주고 가꾸어도 싹이 나지 않는다고 한다. 하지만 5년 정도 지난 어느 날 손가락만한 죽순이 돋아나 주성장기인 4월이 되면 갑자기 하루에 80cm씩 쑥쑥 자라기 시작해서 무려 30m까지 자란다. 그렇다면 왜? 5년이란 긴 세월동안 자라지 않았던 것일까? 의문에 의문을 더한 학자들이 땅을 파 봤더니 모죽의 뿌리가 사방으로 뻗어나가 땅속 깊숙이 자리 잡고 있었다. 5년간 숨죽이고 아래로만 뿌리를 내리며 내실과 기초를 다지고 5년 후에 당당하게 그 모습을 드러낸 것이다. 리더는 조급증을 버리고 '장기적 관점'에서 구성원을 육성하고 키워야 한다.

진정한 행복은 일을 통한 성장에서

구성원의 성장은 자신의 '일'과 '업무'를 통해 이뤄져야 한다. 리더는 구성원이 직면한 문제를 해결해주고, 일에 몰입할 수 있는 환경을 만들어 주어야 한다. 더불어 일대일 코칭과 피드백을 통해 중간에 길을 잃지 않도록 지원해야 한다. 리더의 격려와 인정은 영양제 역할을 한다. 이를 통해 구성원은 작은 '성과'를 맛보게 되고 가슴 속에 '자기 효능감'이 싹트게 된다. 비로서 스스로 '성장'하고 있다는 행복감을 경험하게 되는 것이다. 리더는 단순하게 목표를 부여하고 모니터링해 결과를 평가하는 관리자가 아니다. 리더는 구성원의 목표를 같이 고민하고 어떻게 하면 더 잘 할 수 있을지 도움을 주는 '어시스터'가 되어야 한다.

어시스트 리더는 구성원을 정원사의 마음으로 바라본다. 구성원 한 명 한 명 연구하고 잠재된 능력을 극한으로 끌어내는 사람이다. 모죽을 키우는 마음으로 길게 본다. 재목(材木)을 육성하는 마음으로 크게 본다. 인재(人材)를 키우기 위한 긴 안목을 갖길 바란다.

어시스트 리더십은 영혼 있게 일하게 한다
(Soulful partner)

혼을 담아 일을 한다는 것

어시스트 리더는 일의 의미와 가치, 목적을 분명히 한다. 구성원들에게 책임과 권한을 위임하고 스스로 주인이 되도록 돕는다. 이로 인해 구성원들은 자신의 일이 조직에 기여하고 더 나아가 사회에 이로움을 준다고 믿는다. 이러한 구성원들은 일을 단순히 급여를 받기 위한 수단이나 경력을 쌓는 것 이상으로 생각한다. 바로 자신의 직업을 천직이나 소명(calling) 단계까지 승화시킨다. 소명의식을 가진 구성원이 자신의 일에 혼을 담아 일을 하는 것은 최고의 경지라고 할 수 있다.

이와 같이 어시스트 리더는 구성원이 혼을 담아 일을 하게 만든다. 혼을 담아 일을 한다는 것은 일에 열정과 의미, 자신의 가치관을 담아 일을 한다는 것을 의미한다. 혼을 담아 일을 하는 사람은 자신의 일에 대한 책임감과 자부심을 가지고 최선을 다한다. 단순히 돈을 벌기 위한 것이 아니라 자신의 역량을 발휘하고 성장을 통해 사회에 이로움을 주는 단계까지 '일의 의미'를 확장해 가는 사람이다.

세 벽돌공의 일의 의미

중세시대의 일화다. 대성당의 복원공사를 하고 있었다. 대주교가 일을 하고 있는 세 명의 석공에게 차례로 물었다. "자네는 지금 무슨 일을 하고 있는가?" 첫 번째 석공이 대답했다. "저는 시간당 2달러 받고 일하고 있습니다." 두 번째 석공이 대답했다. "저는 경력을 쌓기 위해 벽돌을 올리고 있습니다." 세 번째 석공이 대답했다. "저는 하나님께 바칠 성스러운 성당을 만들고 있습니다. 여간 영광스러운 일이 아닙니다." 첫 번째 석공은 돈을 벌기 위해 일(work)을 하고 있고, 두 번째 석공은 자신의 경력(career)를 위해 일을 하고 있다. 세 번째 석공은 자신의 직업을 소명

(calling)으로 여기며 영혼을 담아 일을 하고 있는 것이다.

(직)장인과 장인의 차이

'직장인'과 '장인'의 차이는 한 글자다. 하지만 진정한 차이는 자신의 일에 대한 태도와 마인드, 그리고 자신의 역량을 발휘하고 성장하는 방식에 있다. 세 벽돌공의 이야기에 나오는 첫 번째, 두 번째 석공은 직장인(worker)에 가깝고, 세 번째 석공은 장인(craftman)에 가깝다.

'직장인'은 주로 돈을 벌기 위해 일을 하며, 자신의 일에 대한 책임감과 열정을 가지지 않는 경우가 많다. '직장인'은 주로 지시받은 일을 처리하고, 정해진 시간 동안만 일을 하며, 처우개선이나 승진에만 목을 매고 있다. 외재적 동기만이 자신을 움직일 수 있다고 믿는다.

반면, '장인'은 자신의 일에 대한 열정과 의미, 자신의 가치관을 담아 일을 하며, 자신의 역량을 발휘하고 성장할 수 있는 기회를 찾는다. '장인'은 자신의 일에 대한 책임감과 자부심을 가지고 최선을 다한다. 누군가에게 보이거나 평가 받기 위해 일하지 않는다. 자신만의 원칙과 신념에 의해 일을 하는 사람이다. 스스로 일의 의미와 가치를 찾는 내재적 동기가 발현되기 때문이다. 어시스트 리더는 '직장인'(salaried man)을 만드는 것이 아니라, '장인'(craftman)을 만드는 사람이다.

일을 새롭게 탄생시키는 '잡 크래프팅'

'잡 크래프팅(Job crafting)'은 자기에게 주어진 일을 자발적이고 능동적인 자세로 의미 있게 변화시키는 과정을 일컫는다. 자신의 일을 재해석하고 새로운 의미를 부여해 일의 목적과 가치를 새롭게 정의한다. 영어로 '크래프트(craft)'는 '장인이 공들여 만드는 공예품'을 뜻한다. '잡(Job)'을 크래프팅(crafting)한다'는 것은 자신의 일을 단순한 '노동'이나 '돈벌이'가 아니라 예술적 경지의 '작품'으로 재해석하고, 그 가치에 부합된 삶을 살아간다는 의미다.

미국 제35대 대통령 존 F. 케네디가 미국 항공우주국(NASA)을 방문했을 때 있었던 일이다. 그 곳에서 대통령은 즐겁게 바닥을 닦고 있는 한 청소부를 발견하고 청소하는 일이 즐겁냐고 물었는데, 청소부는 단순히 청소를 하는 게 아니라 인류를 달에 보내는 일을 돕고 있다는 대답이 인상적이다. 청소부는 영혼 있게 일하는 중이었다.

디즈니는 '직원'들을 '배우'라고 호칭한다. 그들이 근무하는 곳은 '일터'가 아니라 '무대'라고 하며, 그들이 입는 옷은 '유니폼'이 아니라 '무대의상'이라고 칭한다. 어린이의 꿈을 꽃 피게 하는 것이 그들의 사명이기 때문이다.

국내 한 보일러 회사는 '콘○○ 만들어요'라는 카피의 광고로 효과를 크게 봤다. 광고 주인공으로 등장하는 어린이는 자신의 아버지가 하는 일이 단지 기술을 이용해 보일러를 만드는 것이 아니라, 이를 통해 대기환경을 개선하고 삶의 질을 높이는 것이라며 자랑스러워 한다. 보일러 제조 '근로자'가 아니라 '환경을 지키는 존재'로 승화된 것이다.

미국의 한 유통회사는 바쁜 시간대에 임시로 고용하는 직원을 '파트타임 근로자(part-time worker)'라고 부르지 않는다. 바로 '프라임타임 근로자(prime-time worker)'라고 호칭한다. 직원에 대한 인식이 '호칭' 하나로 변화하게 되는 것이다.

이와 같이 일의 의미와 가치를 깨닫고 존중 받는 직원들은 영혼을 담아 일을 하게 된다. 어시스트 리더가 지향하는 역할이다.

당신의 사명은 무엇인가?

《하이퍼포머》의 저자 류랑도 박사의 사명은 〈누구나 자기 안의 불꽃을 커다란 활화산처럼 뿜을 수 있도록 새로운 길을 제시하는 '성과 전도사'가 되는 것)이다. 《명함의 뒷면》의 저자 마이크 모리슨의 사명은 '평생 동안 리더십을 공부한 사람으로서 모든 사람이 자기만의 리더십을 가지고 주도적으로 살 수 있도록 돕는 것'이다. 두 명의 저자 모두 자신의 성장과 전문성을 통해 타인을 돕고 사회에 이로움을 주려고 하는 '의미 있는 사명'을 가지고 있다. 마지막으로 '의미'를 넘어 '영혼' 있는 사명을 가지고 살고 있는 사람을 만나보자.

두 팔과 두 다리 없이 몸통만 가지고 전 세계를 돌아다니며 강연 활동을 펼치고 있는 '닉 부이치치'를 알고 있는가? 그는 유전 질환인 해표지증으로 짤막한 왼쪽 발을 제외하고는 양쪽팔과 오른쪽 다리가 없이 태어났다. 커갈수록 다른 아이들과 차이점을 느꼈고 8살 때 우울증으로 자살까지 시도했었다. 하지만 어머니가 한 중증장애인의 기사를 보여주면서 장애로 인해 어려움을 겪는 게 자신뿐이 아님을 깨달았다. 이후 법 개정으로 장애인의 공립학교 진학이 허락되면서 공립학교를 다녔고, 복수전공으로 그리피스 대학교를 졸업했다.

그는 지체장애인을 위한 단체인 '사지(四肢) 없는 인생'의 대표로 활동하고 있다. 현재도 동기부여 연설가로 수많은 사람들을 위로하고 삶을 살아갈 용기를 주고 있다. 그의 사명은 '신(神)의 영광과 사랑에 대한 나의 이야기를 통해 사람들의 마음이 변화하는 모습을 보는 것'이다. 도무지 감사할 수 없을 것 같은 자신의 몸을 오히려 사람들을 위로하고 용기를 주는 이야기 도구로 '영혼 있게' 승화시키고 있는 것이다.

리더로서 당신의 사명은 무엇인가?

알버트 슈바이처 박사는 정말로 행복해질 수 있는 사람들은 남을 섬기기 위해 노력하고 그 방법을 발견한 사람들임을 강조했다. 자신의 일을 통해 사람들이 더 나은 삶을 살 수 있도록 도울 수 있다면 그 얼마나 가치 있는 인생이겠는가?

리더는 단순한 조직의 장이나 직장 상사가 아니다. 리더로서 당신의 '사명(mission)'은 무엇인가? 그리고 '소명(calling)'은 무엇인가? 어시스트 리더는 구성원을 '영혼 있게' 일하도록 만든다. 자신이 하는 일에서 의미와 가치를 발견하고, 조직의 성과에 기여하도록 돕는다. 그리고 그 성과가 타인과 사회를 이롭게 한다는 '소명'에까지 이르게 한다.

리더인 당신을 통해 단 한 명의 구성원이라도 '영혼 있게' 일하게 할 수 있다면, 그리고 그 구성원이 조직을 넘어 사회에 '가치' 있는 일을 할 수 있다면 그 얼마나 의미 있는 일이겠는가?

구성원의 영혼과 열정을 불러일으키는 멋진 어시스트 리더가 되기를 소망한다.

에필로그(Epilogue)

1. 여전한 우리의 현실

직장 내 괴롭힘 금지법이 2019년 7월부터 시행돼 많은 시간이 흘러갔다. 법의 시행으로 조직문화를 개선하고자 하는 움직임이 많이 있었다. 하지만 우리의 현실은 그리 녹록하지 않다. 최근 직장갑질119에 한 공무원이 제보한 사례다.

"상급자인 실장이 툭하면 '야', '너'라며 하대합니다. '반말하지 말아 달라.'고 했더니 '너도 반말해.'라고 하더군요. 이런 상황도 직장 내 괴롭힘에 해당되나요?"

이 공무원은 e메일이나 회의록 등에서 괴롭힘 증거가 많고 실장이 인신공격을 한 녹취도 갖고 있다며 고통을 호소했다. 이 공무원은 업무 관련 의사결정을 할 때도 번번이 배제됐다고 한다. 이런 현상은 안정된 직장에 고요하기만 할 것 같은 공무원 사회도 예외는 아니다.

직장 내 괴롭힘 관련 주요 유형은 모욕 · 명예훼손, 부당 지시, 업무 외 강요, 폭언 · 폭행, 따돌림 · 차별 등이다. 직장 내 괴롭힘 현상은 비정규직이나 영세 사업장일수록 더 심하게 발생한다. 심각한 괴롭힘에 시달려 극단적 선택까지 고민했다는 직장인도 적지 않다고 한다.

너무나 슬프지만 엄연한 현실이다. 조직 안에는 여전히 탈선한 리더(썩은 사과)들이 버젓이 생활하고 있다. 병든 상사로부터 받은 괴롭힘은 당사자 뿐 아니라 주변의 동료들까지 부정적인 영향을 미친다. 리더가 바뀌지 않으면 조직문화는 바뀌지 않는다. 그렇다면 리더의 입장은 어떨까?

2. 함께 일하기 걱정되는 MZ세대

"차라리 혼자 일할래요." 부장판사들 MZ 피하기

최근 고연차에 속하는 부장판사 사이에서 다른 저연차 판사들과 함께 일해야 하는 '합의부 부장' 자리를 기피하는 현상이 나타나고 있다고 한다. 한 부장판사의 씁쓸한 고백이다.

"같이 으쌰 으쌰 해서 열심히 일해보자는 분위기는 사라진 지 오래입니다. 그래서 요새 부장판사들은 차라리 혼자 일할 수 있는 단독재판을 선호하는 사례가 더 많아졌습니다."

재판 지연을 해소하기 위해 업무량을 늘려야 하지만 소위 워라밸(일과 삶의 균형)을 더 중시하는 'MZ세대 판사'들이 예전처럼 부장판사들의 지시를 잘 따르지 않자 이 같은 현상이 발생한 것으로 추정된다. 무풍지대 같았던 법원에서 조차 리더십과 세대갈등 문제가 불거지고 있는 것이다.

3. 4차 산업시대 도래

제4차 산업혁명 시대가 요구하는 리더십 역량은 무엇인가?

국내 대표적인 리더십 연구자들이 4차 산업혁명 시대에 맞는 리더십역량을 탐색하는 것을 목적으로 연구를 진행했다. 연구 결과를 보면 전통적 리더십이론을 통해 도출된 역량 중에서는 '환경민감성, 전략적 비전수립, 직관력, 영감적 동기부여, 관계지향'

이 중요도가 높은 것으로 나타났다. 떠오르는 리더십 이론을 통해 도출된 역량 중에서는 '전략적사고, 이슈창안, 통섭, 권한위임, 인간존중/공감'이 중요도가 높은 것으로 나타났다.

4차 산업혁명 시대가 요구하는 공통된 리더십 속성은 바로 '변화를 위한 전략적 창의성'과 '구성원 중심의 인간존중 리더십'으로 요약된다. '전략적 창의성'은 변화하는 환경을 읽고 정보와 지식을 독특한 방법으로 조합하여 새롭고 남다른 방법을 생각해 내는 능력이다. '인간존중 리더십(Human Leadership)'은 리더가 구성원들을 인간적으로 존중하고 그들의 성공과 행복을 추구함으로써 스스로 성장할 수 있도록 돕는 리더십이다.

이 시대에 필요한 리더십 패러다임은 무엇인가?

현 시대를 살고 있는 리더가 더욱더 어려운 이유가 있다. 리더의 역량은 준비되어 있지 않는데 4차 산업은 도래하고, 설상가상으로 함께 일해야 하는 구성원은 M세대를 지나 Z세대까지 편입되고 있는 것이다. 이제는 새로운 리더십 패러다임이 필요하다. 바로 어시스트 리더십(Assist Leadership)이다.

어시스트 리더는 구성원들과 함께 선한 목적을 추구한다(Good purpose-oriented). 그리고 구성원을 주인으로 만들어

(Ownership) 스스로 주도적으로 일하도록 돕는다(Autonomy). 어시스트 리더는 정원사의 마음으로 구성원과 조직의 장기적인 성장을 지원한다(Long term-growth). 궁극적으로 어시스트 리더는 구성원이 영혼 있게 일하도록 함으로써 스스로 삶과 인생의 주인공이 되도록 돕는다(Soulful partner).

어시스트 리더십은 인간존중 리더십(Human Leadership)을 바탕으로 한다. 그리고 인간존중 리더십은 Y이론에 근거한다. Y이론에서 인간은 자율적이고 책임감 있는 행동을 하는 주체이기 때문에 지원과 독려를 통해 성과를 극대화할 수 있다고 믿는다. 사람을 '도구'가 아닌 '존재'로 보기 때문에 상처를 주지 않는다. 따라서 어시스트 리더십은 구성원 뿐 아니라 병든 리더, 탈선한 리더까지 되살릴 수 있다. 리더와 구성원이 함께 살아나는 마법을 발휘하는 이유다.

무엇보다 어시스트 리더십은 구성원들이 '자율성'과 '주인의식'을 바탕으로 스스로 환경을 분석하고 새로운 방법을 창출해내는 '전략적 창의성'을 갖도록 만든다. 다름 아닌 4차 산업시대가 요구하는 핵심역량을 만들어 주는 것이다.

결국 어시스트 리더십은 MZ세대 구성원들이 원하는 일의 '의미'와 '가치'를 통한 '성장'과 '선한 목적'을 향해 가도록 돕는다. 자신들이 하는 일이 단순한 직업을 넘어 사회에 선한 영향력을 끼친다는 '소명의식(calling)'으로 까지 의미가 확장되게 만드는 것이다.

공유 → 공감 → 공명 → 공진화

리더와 구성원의 관계는 4개 차원의 발전적 단계를 거칠 수 있다. 첫째, '공유(共有, sharing)'의 단계다. 두 사람 이상이 정보나 의견, 감정 따위를 단순히 나누는 단계다. 둘째, '공감(共感, sympathy)'의 단계다. 상호 경험, 감정, 생각을 최대한 이해하는 단계다. 셋째, '공명(共鳴, resonance)'의 단계다. 타인의 사상이나 감정, 행동에 깊이 공감하여 자기도 그와 같이 따르려는 '인격적 울림'이 있는 단계다. 마지막은 '공진화(共進化, coevolution)' 단계다. '공진화'는 여러 개의 종(種)이 서로 영향을 주면서 진화(발전) 해 가는 생물학적 현상을 말한다.

일반적으로 리더와 구성원이 만나 단순히 일만 공유하는 단계에서, 서로 정(情)이 들고 감정을 이해하는 '공감'의 단계까지는 발전할 수 있다. 하지만 그 이상의 관계는 어렵다.

어시스트 리더십은 '인격적 울림'이 있는 '공명'을 넘어, 함께 미래를 위해 성장하고 발전하는 '공진화'의 단계로 까지 나아가게 해준다. 서로에 대한 이해와 존중, 선한 목적을 향해 함께 성장한다는 깊은 신뢰가 형성되기 때문이다.

당신은 무엇을 위해 달려왔는가?

누구나 성공을 꿈꾼다. 모든 리더의 꿈도 마찬가지다. 중요한 것은 '무엇이 성공인가'라는 것이다. 리더에게 진정한 성공은 무엇인가? 돈, 승진, 고급차, 명예인가? 당신은 무엇을 위해 '월화수목금금금' 달려왔는가? 죽음의 절벽으로 내달리는 '스프링복(Springbok)'은 아닌가?

아프리카 초원의 '스프링복(영양)'은 수천 마리가 떼지어 다닌다. 때문에 후미에 있는 영양들은 신선한 풀을 먹기가 점점 어려워진다. 이들은 먹이를 위해 좀 더 빨리 앞으로 이동하려 하고 이로 인해 선두의 영양들도 점차 속도를 내기 시작한다. 무리의 전체 이동속도에 가속이 붙고 마침내 미친 듯이 무리 전체가 달린다. 이 광란의 질주는 절벽이 나타나서야 끝나는데 이미 이때는 멈출 수도, 되돌아 갈 수도 없다. 결국 수많은 영양이 절벽 아래로 떨어져 죽는다. 이를 '스프링복의 비극'이라고 부른다. '성공'이란 이름으로 목적도 잊은 채 앞만 보고 내달리는 당신의 모습은 아닌가?

'메멘토 모리' & '오비추어리'

'메멘토 모리(Memento mori)'는 '자신의 죽음을 기억하라' 또
는 '너는 반드시 죽는다는 것을 기억하라'는 라틴어 낱말이다. 고
대 로마에서는 원정에서 승리를 거두고 개선하는 장군이 시가행
진을 할 때 노예를 시켜 행렬 뒤에서 큰소리로 외치게 했다고 한
다. '전쟁에서 승리했다고 너무 우쭐대지 말라. 오늘은 개선장군
이지만, 너도 언젠가는 죽는다. 그러니 겸손하게 행동하라.' 이런
의미에서 생겨난 풍습이라고 한다. 리더에게 '죽음'은 조직을 떠
나는 것이다. 자신이 아무리 큰 조직을 관장했든, 아무리 연봉을
많이 받았든 모두 '전(前)'을 달게 된다. 당신은 어떤 리더로 기억
되기를 원하는가?

'오비추어리(obituary)'는 신문 등에 실리는 '부고 기사'다. 한 사
람을 추모하고 그의 행적을 기리는 글이다. 당신이 조직을 떠날
때 구성원들은 마음속으로 '오비추어리'를 작성한다. 당신은 어
떤 사람으로 기록되고 싶은가? 자신의 성공과 이익만을 위해 내
달린 사람인가? 아니면 조직에 헌신하고 구성원을 육성하기 위
해 애쓴 사람인가?

'그 분으로 인해 일의 의미를 배우고 어려움을 극복하여 성장

하고 더 나은 사람이 될 수 있었다'고 추억할 수 있다면 '성공한 리더'가 아니겠는가?

성공이란 무엇인가?

리더에게 진정한 성공이란 무엇인가? 사회적 지위, 부의 축적, 학업의 성취가 성공의 기준은 아니다. 이러한 성취는 결국 '소외'와 '허무'를 낳게 마련이다. 리더인 나로 인해 '좋은 방향으로 변화한 사람'의 숫자가 많으면 많을수록 성공한 사람이다. 자신과 함께하는 구성원을 '더 나은 사람', '더 가치 있는 사람', '영혼 있게 일하는 사람'이 될 수 있도록 돕는 '어시스트' 리더! 그 얼마나 가치 있는 일인가? 당신이 주인공이 되기를 바란다.

리더는 구성원과 함께 많이 웃고, 구성원의 존경을 받는 것. 그리고 구성원의 아름다움을 식별할 줄 알고, 구성원 속에 있는 '별'을 발견하는 것. 자신이 리더가 되기 전보다 조직을 조금이라도 좋은 곳으로 만들어 놓고 떠나는 것. 한 때 자신이 함께 있었음으로 인해 단 한명의 구성원이라도 인생이 행복해지는 것. 이것이 진정한 리더의 성공 아니겠는가?

진정한 성공, 어시스트 리더가 되라. 지속적인 성과(goals)는 구성원이 만든다!

아픈 리더, 병든 조직을 살리는 어시스트 리더십

초판 1쇄 발행 | 2024년 9월 30일

지은이 | 주경진
펴낸이 | 김지연
펴낸곳 | 마음세상

외주편집 | 김주섭

주소 | 경기도 파주시 한빛로 70 515-501

출판등록 | 제406-2011-000024호 (2011년 3월 7일)

ISBN | 979-11-5636-575-4(03190)

원고투고 | maumsesang2@nate.com

* 값 18,200원